बाल राम

निरुपमा

ग्रंथ अकादमी, नई दिल्ली

प्रकाशक : ग्रंथ अकादमी
भवन संख्या-19, पहली मंजिल, 2, अंसारी रोड, दरियागंज, नई दिल्ली-110002
 / संस्करण : 2025 / मूल्य : तीन सौ रुपए
मुद्रक : नरुला प्रिंटर्स, दिल्ली
ISBN 978-93-83110-85-8

Baal Rama *by* Nirupama ₹300.00
Published by Granth Akademi
Building No. 19, First Floor, 2, Ansari Road, Daryaganj, New Delhi-110002

...अपनी बात

प्रिय बच्चो!

'रामायण' तो तुमने किसी-न-किसी रूप में अवश्य ही पढ़ी अथवा सुनी होगी। भगवान् राम की अनेक लीलाओं का सुंदर वर्णन 'रामायण' में भली प्रकार किया गया है। भगवान् श्रीराम के जन्म से लेकर अंत तक अनेक कथाओं का वर्णन 'रामायण' में मिलता है। इसे पढ़कर अथवा सुनकर हमें अपने अच्छे चरित्र-निर्माण में सहायता मिलती है। इतना ही नहीं, यह हमें एक आदर्श पुत्र होने का भी बोध कराती है। यहाँ हम भगवान् राम की लीलाओं का वर्णन कर रहे हैं। बाल रूप तथा उनके जीवन से जुड़ी अनेक कथाएँ प्रचलित हैं, जिन्हें इस पुस्तक में सरल भाषा एवं सुंदर चित्रों के माध्यम से प्रस्तुत करने का प्रयास किया गया है। हमें पूर्ण विश्वास है कि बाल पाठकों के साथ-साथ प्रत्येक वर्ग के पाठक भी इस पुस्तक से लाभ उठा सकेंगे।

–निरुपमा

विनायकम्
506/13, शास्त्रीनगर, मेरठ (उ.प्र.)

विषय-सूची

पुत्र-प्राप्ति के लिए यज्ञ

समस्त सुख और वैभव प्राप्त होने के बाद भी राजा दशरथ संतान न होने के कारण हमेशा दु:खी तथा चिंतित रहते थे। यही चिंता उन्हें दिन-रात खाए जा रही थी। गुरु वसिष्ठ से राजा दशरथ की यह दशा देखी नहीं गई। अत: उन्होंने राजा दशरथ से कहा, 'हे राजन्! यदि आप मुनि ऋष्यश्रृंग को पुत्रेष्टि-यज्ञ के लिए आमंत्रित करें तो शायद आपके इस दु:ख का निदान संभव हो सके।'

गुरु वसिष्ठ की बात मानकर राजा दशरथ ने पुत्रेष्टि-यज्ञ के लिए तेजस्वी ऋष्यश्रृंग मुनि को निमंत्रण भिजवा दिया।

कुछ समय बाद यज्ञ प्रारंभ हो गया। जिस समय अयोध्या में राजा दशरथ पुत्रेष्टि-यज्ञ प्रारंभ करवा रहे थे, उसी समय स्वर्ग के देवता मिलकर भगवान् विष्णु से प्रार्थना कर रहे थे कि 'हे प्रभु! असुरों का संहार करने के लिए राजा दशरथ को पुत्रों की प्राप्ति का वरदान दें, ताकि असुरों का संहार होकर धर्म की स्थापना हो सके।'

मुनि ऋष्यश्रृंग वेदों के बहुत बड़े ज्ञाता थे। उन्होंने अपने कर्तव्य-पालन का निश्चय किया तथा महाराज दशरथ से पुत्रों की प्राप्ति के लिए अथर्ववेद के मंत्रों से पुत्रेष्टि नामक यज्ञ करके वैदिक विधि के अनुसार अनुष्ठान करने को कहा।

यज्ञ संपन्न होने के बाद अग्निकुंड से एक 'दिव्य पुरुष' हाथ में खीर का

कटोरा लेकर प्रकट हुआ और राजा से बोला, 'हे राजन्! आपकी श्रद्धा और निष्ठा द्वारा किए गए यज्ञ से देवलोक के सभी देवता प्रसन्न हो गए हैं। अत: आप यह खीर का कटोरा लेकर अपनी तीनों रानियों को खिला दें। इसके बाद आपके यहाँ चार तेजस्वी पुत्रों का जन्म होगा, जो बहुत प्रतापी और आज्ञाकारी होंगे।'

राजा ने खीर का कटोरा ग्रहण किया और 'दिव्य पुरुष' को धन्यवाद दिया।

गुरु की आज्ञा पाकर महाराज दशरथ खीर का कटोरा हाथ में लेकर अपने महल की ओर चल दिए। खीर का आधा भाग महारानी कौशल्या को देकर राजा दशरथ ने बचे हुए भाग का आधा भाग रानी सुमित्रा को दिया तथा शेष बचा हुआ भाग रानी कैकेयी की ओर बढ़ा दिया। सबसे अंत में खीर का प्रसाद पाने पर कैकेयी क्रोधित हो उठी और उसने राजा दशरथ को कटु वचन भी कह डाले।

अभी कैकेयी अपनी हथेली में खीर की कटोरी रखकर दशरथ को भले-बुरे वचन सुना ही रही थी कि तभी वहाँ एक चील आई और कैकेयी की हथेली से खीर की कटोरी लेकर अंजन पर्वत की ओर उड़ चली, जहाँ पर अंजनी देवी तपस्या में लीन थीं। भगवान् शंकर की प्रेरणा से चील ने खीर का एक ग्रास अंजनी की हथेली पर डाल दिया, जिसे अंजनी ने 'प्रभु का प्रसाद' समझकर खा लिया। कौशल्या और सुमित्रा ने अपनी खीर का एक-एक भाग रानी कैकेयी को दे दिया, जिससे तीनों रानियाँ गर्भवती हो गईं।

धीरे-धीरे समय बीतने लगा। गर्भवती होने के कारण राजा दशरथ अपनी तीनों रानियों का और भी अधिक ध्यान रखते। उनकी हर इच्छा पूरी करने में वे जरा भी संकोच नहीं करते थे।

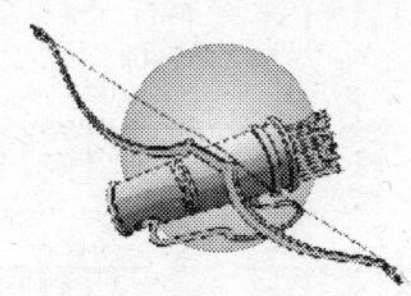

राम जन्म-कथा

जिस समय कौशल्या के गर्भ में भगवान् विष्णु ने प्रवेश किया, उस समय देवताओं की खुशी का ठिकाना न रहा। चारों ओर आनंद का वातावरण छा गया था। सभी रानियों के मुखमंडल पर अलौकिक आभा बिखर रही थी।

नवमी की तिथि तथा पवित्र चैत्र का महीना था। दोपहर के समय भगवान् विष्णु ने कौशल्या-पुत्र राम के रूप में जन्म लिया, जिससे चारों दिशाओं में अपार आनंद छा गया। कैकेयी ने भरत को जन्म दिया तथा सुमित्रा के द्वारा दो पुत्रों का जन्म हुआ, जिनका नाम लक्ष्मण एवं शत्रुघ्न रखा गया।

सारी अयोध्या नगरी आनंद के सागर में डूबी हुई थी। चारों ओर खुशियाँ मनाई जा रही थीं। हर ओर नाच-गाने का माहौल बना हुआ था। महाराजा दशरथ और रानियों की खुशी का ठिकाना न था। पूरा राजमहल खुशी के वातावरण में झूम रहा था। राजा दशरथ के आँगन में भगवान् विष्णु राम के रूप में किलकारी मार रहे थे।

धर्म के अनुसार बालकों के नामकरण संस्कार का समय निकट आ चुका था। अतः बालकों के नामकरण के लिए महाराज दशरथ ने मुनि वसिष्ठ को सादर निमंत्रण भिजवाया। मुनि वसिष्ठ ने संपूर्ण विधि-विधान द्वारा दशरथ के पुत्रों का नामकरण किया तथा उनके नाम की महिमा बताते हुए कहा, 'हे राजन्!

आनंद का समुद्र, सुखों का भंडार तथा विष्णु का अवतार, जिनकी मात्र कृपा से ही संसार के दु:ख समाप्त हो जाते हैं, उनका नाम 'राम' है। आपके सबसे बड़े पुत्र 'राम' समस्त संसार में धर्म का राज्य स्थापित करेंगे। आपके दूसरे पुत्र का नाम 'भरत' होगा, जो समस्त संसार का भरण-पोषण करने में सक्षम होंगे। तीसरा

पुत्र, जो कि जगत् में अपनी भ्रातृ-भक्ति से पहचाना जाएगा, उसका नाम 'लक्ष्मण' होगा। चौथे पुत्र का नाम 'शत्रुघ्न' होगा, जिसके नाम से ही शत्रुओं का नाश हो जाएगा। अतः हे राजन्! आपके चारों पुत्र ही तेजस्वी, आज्ञाकारी तथा प्रतापी होंगे। आपका तथा आपकी प्रजा का जीवन धन्य हो गया, महाराज!'

अपने पुत्रों को नाम मिलते ही राजा दशरथ का मन आनंद से प्रसन्न हो गया। पृथ्वीलोक में आज उनके जैसा कोई भी भाग्यशाली राजा नहीं था। आज उन्हें वह सबकुछ प्राप्त हो चुका था, जो एक संपूर्ण राजा तथा पिता को चाहिए। भगवान् विष्णु को अपने आँगन में राम के रूप में खेलता देख राजा दशरथ फूले नहीं समा रहे थे।

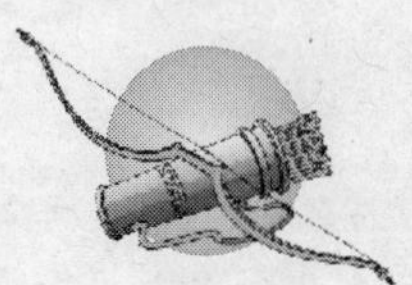

बालक राम की शिक्षा

चारों बालकों में बालक राम अति गुणी, नम्र स्वभाव तथा परम आज्ञाकारी थे। अन्य तीनों बालक भी किसी से कम नहीं थे। धीरे-धीरे बालक अपनी युवावस्था की ओर बढ़ने लगे। अब राजा दशरथ ने बालकों को धनुर्विद्या सिखाने का मन बनाया। अपने राज्य के कुशल धनुर्धरों को महाराज ने अपने दरबार में बुलाकर बालक राम के साथ-साथ अन्य तीनों पुत्रों को भी धनुर्विद्या सिखाने का आग्रह किया। राजा का आग्रह स्वीकार कर उन उच्च कोटि के धनुर्धरों ने राम तथा अन्य तीनों बालकों को धनुर्विद्या की शिक्षा देनी प्रारंभ कर दी।

नित्य अभ्यास के कारण राम, भरत, लक्ष्मण व शत्रुघ्न धनुर्विद्या में निपुण हो चुके थे। यहाँ तक कि उनके चारों पुत्रों ने 'शब्दभेदी बाण' चलाने में भी निपुणता प्राप्त कर ली थी। बालक राम ने अपनी कुशलता तथा मधुर स्वभाव से अपने गुरुओं का मन जीत लिया था। इसी स्वभाव के कारण उनके गुरु भी राम को अत्यधिक स्नेह करते तथा उन्हें धनुर्विद्या का हर कौशल सिखाने में तनिक भी नहीं झिझकते थे।

धीरे-धीरे बालक राम, लक्ष्मण, भरत एवं शत्रुघ्न एक कुशल धनुर्धर बन चुके थे। स्वयं राजा दशरथ भी उनकी इस निपुणता को देखकर चकित हो गए। सभी का निशाना असाध्य था, मानो वर्षों की मेहनत के बाद की सफलता हो; जबकि बहुत कम समय में चारों भाइयों ने धनुर्विद्या में निपुणता प्राप्त कर ली थी। राजा दशरथ को अपने पुत्रों पर गर्व हो रहा था। वह स्वयं को धन्य समझ रहे थे कि उन्हें ऐसे प्रतापी

तथा आज्ञाकारी पुत्रों का पिता बनने का सौभाग्य मिला।

हमारा यह जीवन शिक्षा के बिना पशु समान माना गया है। अतः हमारे जीवन में शिक्षा का बहुत महत्त्व है। यही सोचकर राजा दशरथ ने बालक राम के साथ अपने अन्य पुत्रों की शिक्षा का भी प्रबंध करने की सोची। क्योंकि प्राचीन परंपरा के अनुसार शिष्यों को शिक्षा ग्रहण करने के लिए गुरुओं के आश्रम में ही रहना पड़ता था, इस कारण राजा दशरथ थोड़ा विचलित अवश्य हुए। परंतु उन्होंने अपने पुत्रों को शिक्षा देने के लिए मोह त्याग करके गुरु वसिष्ठ के

आश्रम में राम सहित चारों पुत्रों को शिक्षा के लिए भेज दिया।

यद्यपि बालक राम स्वयं परमात्मा का रूप हैं, फिर भी पृथ्वी पर मानव रूप में जन्म लेकर उन्होंने अपने गुरु से शिक्षा ग्रहण करना ही अपना धर्म समझा तथा तीनों भाइयों सहित अपनी शिक्षा के अध्ययन में लग गए। अपनी कुशलता तथा बुद्धि के बल पर ही बालक राम ने बहुत कम आयु में समस्त वेद-शास्त्रों का अध्ययन किया, जो उस समय आवश्यक माना जाता था।

बालक राम अब धनुर्विद्या के साथ-साथ शास्त्रों के ज्ञान में भी निपुण हो चुके थे। पृथ्वी पर उनके जैसा धनुर्धर तथा ज्ञानी कोई नहीं था। स्वयं विष्णु का अवतार श्रीराम पृथ्वी पर असुरों का संहार करने के लिए आए थे और इसी कारण वे अपना धर्म निभाते हुए अपने कर्तव्यों का पालन कर रहे थे। उनके साथ अन्य तीनों भाइयों ने भी अपनी शिक्षा पूर्ण कर ली थी।

अंतिम पाठ पढ़ाते हुए गुरु वसिष्ठ ने बालक राम को संबोधित करते हुए कहा कि 'जिस राजा के राज्य में प्रजा दुःखी व दरिद्र रहती है, वह राजा नरक का अधिकारी होता है। अतः राजा का परम कर्तव्य है कि वह अपनी प्रजा की रक्षा करे तथा उसके सुख-दुःख का ध्यान रखे। इसलिए मेरा तुम सभी से यही कहना है कि अपने कर्तव्य का पालन करो, अपने माता-पिता की सेवा तथा गुरुओं का आदर करो। मानव-कल्याण में ही अपने जीवन की सफलता समझो।'

बालक राम की शिक्षा समाप्त होने के पश्चात् गुरु वसिष्ठ ने राजा दशरथ को सूचना भिजवाई कि अब राजकुमारों ने शिक्षा ग्रहण कर ली है। इन्हें महल वापस बुला लिया जाए। गुरु वसिष्ठ का संदेश पाकर राजा दशरथ बहुत प्रसन्न हुए और उन्होंने तुरंत अपने विशेष मंत्री सुमंत को मुनि वसिष्ठ के आश्रम में बालक राम व अन्य भाइयों को लेने के लिए भेज दिया।

सभी राजकुमारों के वस्त्र तथा आभूषण लेकर सुमंत गुरु वसिष्ठ के आश्रम में पहुँचे और हाथ जोड़कर खड़े हो गए। गुरुजी ने सुमंत को आशीर्वाद दिया तथा राजमहल व रानियों की कुशलता जाननी चाही। इसके बाद चारों भाइयों को बुलवा भेजा।

बालक राम तथा उनके भाइयों ने आकर गुरुजी को दंडवत् प्रणाम किया। गुरु की आज्ञा पाकर चारों भाइयों ने अपने राजसी वस्त्र धारण किए। आज गुरुजी की कृपा से उनका शारीरिक, बौद्धिक व आध्यात्मिक विकास हो चुका था तथा आज वे संसार की बड़ी-से-बड़ी कठिनाइयों का सामना करने में सक्षम हो चुके थे। गुरु के आश्रम में रहकर उन्हें हर ऐसी बात का ज्ञान हो चुका था, जिन बातों का सामना उन्हें आगे चलकर करना होगा। शीघ्र ही वे अपने मन पर विजय पाने में सफलता प्राप्त कर चुके थे। इसके अतिरिक्त गुरु की शरण में रहकर उन्हें मोक्ष पाने का भी रास्ता मिल गया था।

चारों भाइयों ने राजसी आभूषण तथा वस्त्रों को धारण किया और उसके पश्चात् अपने मुकुट धारण किए। राजसी वस्त्रों को पहनकर उनका तेज व सौंदर्य और भी निखर उठा था। अपने गुरु की आज्ञा लेकर राम भाइयों सहित अयोध्या की ओर चल दिए।

सारी अयोध्या, राजमहल के सभी सेवक, दास-दासियाँ, स्वयं राजा दशरथ, महारानियाँ, यहाँ तक कि जीव-जंतु भी राम की सुंदर छवि देखने के लिए व्याकुल हो रहे थे। सारी अयोध्या नगरी दुलहन की तरह सजाई गई थी। जैसे ही बालकों को लेकर रथ ने अयोध्या में प्रवेश किया, चारों ओर से 'जय-जयकार' की ध्वनि गूँजने लगी। नगरवासियों की खुशी का ठिकाना नहीं था। चारों ओर उत्सव मनाए जा रहे थे।

राम और कौशल्या का मिलन

माँ की ममता को भला कौन नहीं जानता? निश्छल, निःस्वार्थ माँ की ममता की सभी सराहना करते हैं। आज कौशल्या, सुमित्रा, कैकेयी तीनों रानियाँ अपने पुत्रों को ममता के आँचल में छिपाने के लिए बेचैन थीं। आँखों से आँसू कब छलक आएँ, कोई नहीं कह सकता था। बालक राम का रथ जैसे ही महल के द्वार पर रुका, माता कौशल्या के नयनों से आँसुओं की धारा फूट पड़ी। माँ कैकेयी के चरणों में बालक राम ने सबसे पहले वंदन किया। प्रेम से कैकेयी ने उन्हें अपने सीने से लगा लिया।

इसके पश्चात् राम ने सुमित्रा और कौशल्या के चरणों में अपना शीश नवाया। कौशल्या के नयनों से तो जैसे आँसुओं की धारा रुकने का नाम ही नहीं ले रही थी। बस, मूर्ति बनी अपने पुत्र राम को एकटक निहार रही थीं।

माँ और पुत्र का ऐसा मिलन देखकर देवी-देवताओं की आँखें भी नम होने लगी थीं। पृथ्वी पर ऐसा मिलन उन्होंने पहली बार देखा था। इसके उपरांत राम ने अपने पिता दशरथ के चरणों में प्रणाम किया। महाराज दशरथ ने उन्हें अपने सीने से लगा लिया। चारों ओर खुशियों की लहर छाई थी। प्रजा पर उपहारों की बरसात हो रही थी।

राम अपने भाइयों में सबसे बड़े और तेजस्वी व शूरवीर थे। अपने भाइयों का मार्गदर्शन करना तथा पिता के साथ राज-काज सँभालना उनके प्रतिदिन के

कार्यों में शामिल हो चुका था। राजमहल में सभी उन्हें चाहने लगे थे।

साधारण बच्चों की तरह राम भी बचपन में बहुत शरारतें करते थे। अपने साथियों के साथ सारे दिन खेल में लगे रहते और राजमहल में इधर से उधर किलकारी मारकर दौड़ते। महाराज दशरथ के बुलाने पर भी नहीं आते थे। जब धूल से लिपटे हुए राम महाराज को दिखाई देते तो वे तुरंत उन्हें अपनी गोद में उठा लेते और भोजन का कौर जैसे ही राम के मुख में डालते तो राम फिर भाग जाते। राम को खेलने के समय अपने भोजन की भी चिंता नहीं रहती थी।

एक बार राम को बहुत जोर से भूख लगी थी। वे बोले, 'माँ, पेट में चूहे कूद रहे हैं। अब भूख सहन नहीं होती, जल्दी से दही-भात दे दो।' कौशल्या किसी काम में व्यस्त थीं,

इसलिए उन्हें थोड़ी देर हो गई। राम ने दोबारा फिर कहा, 'माँ, जल्दी से दही-भात दे दो, बहुत भूख लगी है।' कौशल्या ने राम की ओर ध्यान नहीं दिया और अपने काम में लगी रहीं।

फिर क्या था, राम को माँ का इस तरह उपेक्षा करना उचित नहीं लगा। वे क्षोभ में डंडा लेकर रसोई के अंदर गए और दही-दूध के सब मटके फोड़ दिए। सारा दही-दूध जमीन पर गिर गया। यह देखकर दास-दासियाँ कौशल्या के पास आईं और बोलीं, 'महारानी, गजब हो गया! आज तो बालक राम काबू में नहीं हैं। उन्होंने दही-दूध के सब मटके तोड़ डाले और जमीन पर दही-दूध के गिरने से रसोई में फिसलन हो गई है।'

जैसे ही कौशल्या राम को पकड़ने के लिए सँभल-सँभलकर चलती हुई आईं तो जमीन पर फिसलन होने के कारण धड़ाम से गिर पड़ीं। अब तो राम बहुत डर गए और सोचने लगे कि एक तो दही-दूध के बरतन तोड़ दिए, दूसरी ओर जमीन पर फिसलन कर दी, जिसके कारण माँ बहुत जोर से गिर पड़ीं, इसलिए अब तो पिटाई भी जोरदार ही होगी।

अब राम पिटाई से बचने के लिए रोने का नाटक करने लगे, जिससे माँ को उन पर दया आ जाए और वे पिटाई से बच जाएँ। माँ ने जब राम को रोता हुआ देखा तो वे दही-दूध का नुकसान और अपनी चोट तो भूल गईं और राम को गोद में उठाकर प्यार-दुलार करने लगीं और उन्हें अपने हाथों से खाना खिलाया। तब कौशल्या को अपनी गलती का अहसास हुआ कि यदि वे पहले ही राम को खाना दे देतीं तो न तो दूध-दही के मटके फूटते और न ही उनके चोट लगती।

ताड़का-वध

राजा दशरथ का राज-काज भली प्रकार चल रहा था। एक दिन राजा दशरथ अपने दरबार में बैठे मंत्रियों के साथ मंत्रणा कर रहे थे कि तभी द्वारपाल आकर बोला, 'महाराज, महातेजस्वी महामुनि विश्वामित्र पधारे हैं!'

राजा दशरथ ने तुरंत सिंहासन से उतरकर महामुनि विश्वामित्र का स्वागत किया और हाथ जोड़कर बोले, 'हे मुनिराज! आज मैं धन्य हो गया, जो आपके चरण हमारे द्वार पर पड़े। आप आज्ञा दें, मैं आपके किस कार्य आ सकता हूँ?'

'हे राजन्! आपके जैसा प्रतापी, तेजस्वी राजा इस पृथ्वी पर कोई दूसरा नहीं है। मैं तुम्हारे इस स्वागत से बहुत प्रसन्न हूँ। राजन्, मैं सिद्धि के लिए एक यज्ञ पूर्ण करना चाहता हूँ; किंतु मारीच तथा सुबाहु दो शक्तिशाली राक्षस हमेशा मेरे यज्ञ में विघ्न डालकर उसे पूर्ण नहीं होने देते। मेरे लिए यह यज्ञ करना बहुत ही आवश्यक है। मैंने सुना है कि आपके बड़े पुत्र राम बहुत वीर और पराक्रमी हैं। यदि कुछ समय के लिए आप उन्हें मेरे साथ भेज दें तो मैं अपना यह यज्ञ पूर्ण कर सकूँगा।'

मुनिवर की बात सुनकर राजा दशरथ चिंता व भय से काँप उठे। सोचने लगे, 'भला इतने बड़े राक्षसों का बालक राम कैसे सामना कर पाएँगे?' चिंता के कारण राजा दशरथ कुछ बोल नहीं सके।

महाराजा दशरथ को चिंतित देख गुरु वसिष्ठ बोले, 'हे महाराज! चिंता और भय से मुक्त होकर आप राम और लक्ष्मण को मुनि विश्वामित्र के साथ भेज दें।

दोनों ही वीर तथा पराक्रमी बालक हैं। मारीच और सुबाहु जैसे राक्षस इनका कुछ भी नहीं बिगाड़ सकते। आपके पुत्रों का जन्म तो विश्व-कल्याण के लिए हुआ है। अतः आप बिना किसी भय अथवा चिंता के राम और लक्ष्मण को ऋषि विश्वामित्र के साथ भेज दें।'

गुरु वसिष्ठ के सांत्वना भरे शब्द सुनकर राजा दशरथ ने अपने बड़े पुत्र राम तथा लक्ष्मण को मुनि विश्वामित्र के साथ जाने की आज्ञा दे दी। दोनों वीर बालक अपने पिता की आज्ञा पाकर मुनि विश्वामित्र के साथ उनका यज्ञ संपन्न

कराने के लिए उनके साथ आश्रम की ओर चल दिए।

वीर बालक राम और लक्ष्मण अपने पिता की आज्ञा का पालन करने के लिए मुनि विश्वामित्र के साथ गंगाजी को पार करके घने जंगल में प्रवेश कर गए। वन में अनेक प्रकार के वन्य पशु घूम रहे थे। परंतु मुनिवर के साथ दोनों वीर बालक निर्भय होकर आगे बढ़ते ही जा रहे थे।

इस समय तीनों दंडक वन में प्रवेश कर चुके थे, जहाँ पर ताड़का तथा उसके महाबली पुत्र मारीच का राज चलता था। दोनों की आज्ञा के बिना उस वन में तिनका भी प्रवेश नहीं कर सकता था। चलते-चलते अचानक विश्वामित्र ठिठककर रुक गए और बोले, 'पुत्र राम, इस वन में राक्षसों का राज है। ताड़का और उसका पुत्र मारीच इसी जंगल में रहते हैं। ताड़का में एक हजार हाथियों का बल है। अब तुम्हारी धनुर्विद्या की परीक्षा का समय है। मुझे पूरा विश्वास है कि तुम इस परीक्षा में सफल होओगे।'

राम मुनि विश्वामित्र की इच्छा समझ गए। उन्होंने तभी अपने धनुष की टंकार मारी। धनुष की टंकार चारों दिशाओं में गूँजने लगी। अचानक पेड़ों के झुरमुट से निकलकर क्रोध में आँखें लाल करके ताड़का राम की ओर लपकी। राम ने बिना अवसर दिए ही उसे अपने तीव्र बाणों से घायल कर दिया।

अब तो ताड़का को और भी अधिक क्रोध आ गया। उसने एक लंबी हुंकार भरी और फिर राम के ऊपर लपकी। अब दोनों में घमासान युद्ध छिड़ गया था। राम के एक ही बाण ने ताड़का की छाती छलनी कर डाली। पृथ्वी पर गिरते ही ताड़का के प्राण-पखेरू उड़ गए। सभी देवताओं ने प्रसन्न होकर आकाश से फूलों की वर्षा की। विश्वामित्र ने राम को अपने हृदय से लगाकर उन्हें तेजस्वी होने का वरदान दिया।

अहल्या-उद्धार

मुनि विश्वामित्र अब यज्ञ के लिए निश्चिंत हो गए। उन्होंने अपना यज्ञ प्रारंभ कर दिया। राम और लक्ष्मण दोनों ही राक्षसों से यज्ञ-स्थल की रक्षा कर रहे थे। कुछ समय पश्चात् मुनि विश्वामित्र का यज्ञ संपन्न हो गया। तभी एक दूत राजा जनक की राजधानी मिथिला से सीताजी के स्वयंवर का निमंत्रण लेकर आया। मुनि विश्वामित्र ने राजा जनक का निमंत्रण स्वीकार कर लिया।

मिथिला-नरेश जनक अपनी प्रिय पुत्री सीता का स्वयंवर रचा रहे थे। इधर ऋषि विश्वामित्र राम और लक्ष्मण को लेकर मिथिला नगरी की ओर चल दिए। कुछ मील दूरी पर ही एक वीरान आश्रम दिखाई दिया, जहाँ पर कभी गौतम ऋषि अपनी पत्नी अहल्या के साथ निवास करते थे। एक दिन देवराज इंद्र ऋषि गौतम का रूप धरकर आश्रम में आए। उस समय ऋषि गौतम आश्रम से बाहर गए हुए थे। इंद्र उस समय काम के वशीभूत था, अतः छल के बल से उसने अहल्या के साथ संभोग किया। जब इंद्र यह सबकुछ करके आश्रम से बाहर निकल रहा था, तभी वहाँ ऋषि गौतम आ गए और उन्होंने उसे भागते हुए देख लिया।

इस प्रकार भागते हुए देखकर ऋषि गौतम तुरंत स्थिति को भाँप गए। अतः क्रोध में आकर उन्होंने इंद्र को नपुंसक होने का शाप दे डाला। इसके पश्चात् भी

उनका क्रोध शांत नहीं हुआ। आश्रम के अंदर आकर उन्होंने अपनी पत्नी अहल्या को भी शाप दे डाला कि 'जब तक श्रीराम के चरण इस आश्रम में नहीं पड़ेंगे, तब तक तुम एक पत्थर के समान बनकर यहाँ रहोगी।' ऋषि का शाप सुनते ही अहल्या पाषाण-खंड में बदल गई।

आज अहल्या का उद्धार करने श्रीराम स्वयं आश्रम पधारे थे। जैसे ही श्रीराम के चरण आश्रम में पड़े, अहल्या की चेतना पुनः लौट आई। अहल्या तुरंत श्रीराम के चरणों में गिर पड़ी। प्रभु राम ने अहल्या को उठा लिया। श्रीराम के दर्शन पाकर अहल्या शाप से मुक्त हो गई थी। शापमुक्त होकर वह अपने धाम को चली गई।

अहल्या का उद्धार करने के पश्चात् राम और लक्ष्मण महामुनि विश्वामित्र के साथ मिथिला नगरी की ओर चल दिए। नगर में प्रवेश करते ही श्रीराम के आने की सूचना जैसे ही राजा जनक को मिली, वे तुरंत राम, लक्ष्मण तथा मुनि विश्वामित्र को लेने के लिए मुख्यद्वार पर पहुँच गए। राम को देखते ही राजा जनक अपनी सुध-बुध खो बैठे और टकटकी लगाए उन्हें देखते रहे। विश्वामित्र ने राम और लक्ष्मण का परिचय देते हुए कहा, 'हे मिथिला-नरेश! श्रीराम और लक्ष्मण अयोध्या के महाराज दशरथ के पुत्र हैं। ये दोनों आपकी पुत्री सीता का स्वयंवर देखने आए हैं।'

राजा जनक ने विश्वामित्र को प्रणाम करते हुए तीनों का स्वागत किया और महल में अपने साथ चलने का आग्रह किया। श्रीराम और लक्ष्मण मुनि विश्वामित्र के साथ राजा जनक के महल की ओर चल दिए।

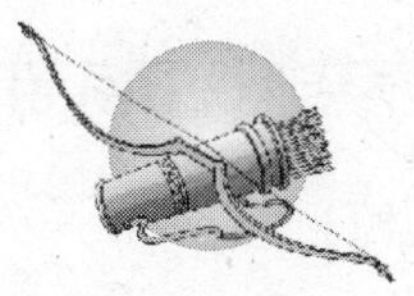

सीता स्वयंवर

समस्त मिथिला नगरी फूलों से सजी हुई थी। चारों ओर जनक-नंदिनी सीता के स्वयंवर की तैयारियाँ चल रही थीं। नगर के सभी नर-नारियों का मन खुशी से फूला नहीं समा रहा था। राजा जनक का दरबार पूरी तरह विभिन्न राज्यों के राजकुमारों से भरा हुआ था, क्योंकि सीता के स्वयंवर के लिए राजा जनक ने अनेक राज्यों के राजकुमारों को निमंत्रण भेजा था।

स्वयंवर सभा के बीच भगवान् शिव का विशाल धनुष रखा हुआ था। वह धनुष इतना विशाल तथा भारी-भरकम था कि महाबली रावण जैसे योद्धा के भी पसीने छूट गए थे। देश-विदेश से आए राजकुमार बारी-बारी से अपनी शक्ति और बल का प्रयोग कर धनुष को उठाने का प्रयास कर रहे थे। उठाना तो दूर, अभी तक किसी से धनुष हिल भी नहीं पाया था। जबकि सीता स्वयंवर की यह शर्त थी कि 'जो भी राजकुमार, योद्धा इस धनुष पर प्रत्यंचा चढ़ाएगा, सीता उसी के गले में वरमाला पहनाएँगी।'

सभी की स्थिति युद्ध में हारे हुए सिपाहियों जैसी हो रही थी। अच्छे-अच्छे वीर योद्धा अपनी बगलें झाँक रहे थे।

वीर योद्धाओं की ऐसी दयनीय स्थिति देखकर राजा जनक विचलित हो उठे। वे सोचने लगे कि 'क्या पृथ्वी पर ऐसा कोई वीर नहीं जिसका विवाह मेरी पुत्री से हो सके?' महाराज दुःखी और स्तब्ध थे। वह सिंहासन से उठकर बोले,

‘आज मुझे ऐसा लग रहा है कि शायद यह पृथ्वी वीरों से खाली हो चुकी है। लगता है, मेरी पुत्री को जीवन भर अविवाहिता ही रहना पड़ेगा। यदि मुझे यह किंचित् भी आभास होता कि पृथ्वी वीरों से खाली है, तो मैं कदापि ऐसी प्रतिज्ञा नहीं करता।’

राजा जनक के निराशा भरे कटु वचन सुनकर लक्ष्मण तिलमिला उठे। शेषनाग के अवतार लक्ष्मण की भुजाएँ क्रोध से फड़कने लगीं, नेत्र में लहू झलकने लगा। राजा जनक के शब्द उनके हृदय में शूल की तरह चुभ रहे थे। लक्ष्मण के सब्र का बाँध टूट चुका था। उन्होंने राम के चरणों में वंदना की और अपने स्थान पर खड़े होकर बोले, 'महाराज! वीरों के प्रति ऐसे कटु वचन आपको शोभा नहीं देते। अभी रघुवंश के वीर इस सभा में उपस्थित हैं। यदि श्रीराम की आज्ञा हो तो मैं अभी इस पृथ्वी को गेंद की भाँति वायुमंडल में उछाल सकता हूँ, फिर यह मामूली धनुष क्या चीज है! इसे तो मैं उठाकर कई मील बिना रुके ही दौड़ सकता हूँ।'

लक्ष्मण के अचानक इस क्रोध से पृथ्वी काँप उठी। सभा में बैठे सभी वीर, योद्धा भयभीत हो गए। राजा जनक मुँह बाए लक्ष्मण की ओर एकटक देखते रहे। लेकिन सीता लक्ष्मण के इन रोषपूर्ण वचनों को सुनकर मन-ही-मन प्रसन्न थीं।

लक्ष्मण का क्रोध देख राम ने बड़े शांत भाव से कहा, 'हे अनुज! वीरों को इतना क्रोध नहीं करना चाहिए। तुम अपने क्रोध पर नियंत्रण करो। अभी वीरता दिखाने का समय नहीं है।'

राम के वचन सुनकर लक्ष्मण शांत होकर अपने स्थान पर बैठ गए।

मुनि विश्वामित्र बड़े शांत भाव से यह सबकुछ देख रहे थे। अपनी दिव्य दृष्टि से वे सबकुछ जान चुके थे। मुनि मधुर वाणी में बोले, 'हे दशरथ-नंदन! उठो और भगवान् शिव के इस धनुष को तोड़कर महाराज जनक की वेदना को शांत कर सीता को वरो!'

गुरु की आज्ञा को अपना कर्तव्य समझकर श्रीराम ने अपना मस्तक मुनि विश्वामित्र के चरणों में झुकाकर आशीर्वाद लिया और वीर योद्धा की भाँति भगवान् शिव के धनुष की ओर बढ़ने लगे। सभी की आशाएँ श्रीराम पर टिकी थीं। दरबार में बैठे सभी राजा, योद्धा एवं राजकुमारों की साँसें अटकी हुई थीं कि अगले पल क्या होने वाला है!

प्रभु राम ने झुककर धनुष को फूलों के हार की भाँति उठा लिया। धनुष के एक सिरे को पाँव से दबाकर दूसरे सिरे से प्रत्यंचा चढ़ा दी। धनुष की डोरी खिंचते ही एक पल में उसके दो टुकड़े हो गए। धनुष के टूटते ही मानो पृथ्वी काँप उठी हो। मीलों दूर तक एक जोरदार धमाका हुआ, मानो पृथ्वी पर भयंकर भूचाल-सा आ गया हो। दरबार में बैठे सभी के होश उड़ गए।

भगवान् शिव के धनुष के टूटने की आवाज को सुनकर आँधी-तूफान की तरह परशुराम सिंह के समान गर्जना करते हुए सभा में आ धमके। परशुराम का क्रोध देख सभी वीर योद्धाओं के पैरों तले से जमीन खिसक गई। सभी के चेहरे पीले पड़ गए। कंधे पर विशाल धनुष, हाथों में चमचमाता परशु (फरसा) देख दरबारी और भी भयभीत हो गए।

क्रोध से भरकर परशुराम कड़कते शब्दों में बोले, 'हे मूर्ख राजा! भगवान् शिव का यह धनुष तोड़ने का किसने दुःसाहस किया है? क्या उसे इतना भी ज्ञात नहीं कि इसका परिणाम केवल मृत्यु है? मैं तुरंत जानना चाहता हूँ कि वह दुःसाहसी व्यक्ति कौन है? उसे तुरंत मेरे सामने लाओ, अन्यथा मैं तुम्हारे समस्त राज्य को नष्ट कर दूँगा!'

परशुराम के क्रोध भरे वचन सुनकर राजा जनक के मुँह से एक भी शब्द

नहीं निकला। वे स्तब्ध होकर उन्हें देखते रहे।

विपरीत-से-विपरीत परिस्थितियों से निपटना श्रीराम को भलीभाँति आता था। अतः श्रीराम हाथ जोड़कर बोले, 'हे स्वामी! इस पृथ्वी पर ऐसा दुःसाहस करनेवाले भला आपके सेवक के सिवाय कौन हो सकता है? कहिए, मेरे लिए क्या आदेश है, स्वामी?'

'कदापि नहीं, धनुष तोड़नेवाला हमारा सेवक नहीं बल्कि हमारा शत्रु है। वह अवश्य ही मृत्यु का भागी है।' परशुराम ने क्रोधित होते हुए कहा।

परशुराम के ऐसे कटु वचन सुनकर लक्ष्मण से न रहा गया। वह भी जोश में भरकर बोल पड़े, 'हे स्वामी! बचपन में मैंने न जाने ऐसे कितने ही धनुषों को तोड़ा है, किंतु कभी किसी को इतना क्रोध नहीं आया। परंतु आप इस पुराने धनुष के टूटने पर इतना क्रोध क्यों कर रहे हैं? आपको इस धनुष से इतना प्रेम क्यों है?'

लक्ष्मण के वचनों को सुनकर परशुराम का चेहरा क्रोध से लाल हो उठा। वे घोर गर्जना करते हुए बोले, 'धूर्त बालक! अपनी जिह्वा को काबू में रखो। तुम्हें अपने जीवन से तनिक भी मोह नहीं है। मौत तुम्हारे सिर पर मँडरा रही है और तुम धूर्तता की बातें कर रहे हो?'

लक्ष्मण के तेवर देख श्रीराम परशुरामजी से बोले, 'हे स्वामी! यह अभी नादान बालक है। आप इसकी बातों का तनिक भी बुरा न मानें । आपका धनुष मैंने तोड़ा है, इसलिए मैं ही आपका दोषी हूँ। आप जो चाहें, मुझे दंड दे सकते हैं।'

श्रीराम के विनय भरे वचन सुनकर परशुराम का क्रोध कुछ शांत हुआ और बोले, 'हे दशरथ-नंदन! मेरा यह धनुष, जो कि भगवान् विष्णु ने मेरे पिताश्री को

भेंट किया था। यदि तुमने इस धनुष पर प्रत्यंचा चढ़ाकर बाण छोड़ दिया तो मैं समझूँगा, तुम अवश्य ही विष्णु के अवतार हो; क्योंकि मेरा यह धनुष भी इस धनुष के समान है, जिसे तुमने अभी तोड़ा है।'

प्रभु राम ने परशुराम के हाथ से धनुष-बाण लेकर, प्रत्यंचा चढ़ाकर उस पर बाण चढ़ा दिया और बोले, 'विष्णु का यह बाण कभी व्यर्थ नहीं जाएगा। यह तुम्हारे क्रोध को उत्पन्न करनेवाली सभी शक्तियों का नाश करेगा।' इतना कहकर राम ने बाण को आकाश की ओर छोड़ दिया।

परशुराम जान चुके थे कि अब संसार से मेरा अस्तित्व समाप्त हो चुका है। आज स्वयं प्रभु राम ने मेरे अहंकार को नष्ट कर दिया है। एक समय था कि जब पृथ्वी पर रहनेवाले सभी राजा परशुराम का नाम सुनकर काँपने लगते थे। उन्होंने अपनी शक्ति के बल पर पृथ्वी को इक्कीस बार क्षत्रिय राजाओं से छीनकर ब्राह्मणों को दी थी। अतः परशुराम का अहंकार दिन-प्रतिदिन बढ़ रहा था, जिसे आज प्रभु राम नष्ट कर चुके थे।

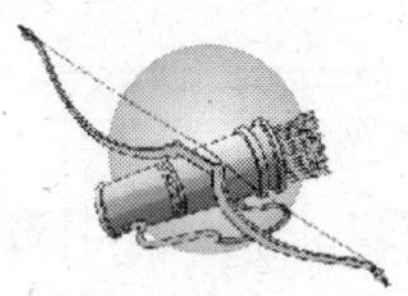

श्रीराम-सीता विवाह

श्रीराम के सम्मुख नतमस्तक हो परशुराम महेंद्र पर्वत की ओर प्रस्थान कर गए। उनके जाते ही चारों ओर शहनाइयाँ, बाजे और नगाड़े बजने लगे। देवता आकाश से फूलों की वर्षा करने लगे। चारों ओर खुशी का उत्सव मनाया जाने लगा। सीताजी की सखियाँ श्रीराम को लेकर हँसी-ठिठोली करने लगीं। सीताजी शरमाने लगीं। हाथों में जयमाला लिये धीरे-धीरे राम की ओर बढ़ने लगीं। चारों ओर आनंद-ही-आनंद का वातावरण था। श्रीराम की जय-जयकार पूरे राजभवन में गूँज रही थी। राजा जनक की तो खुशी का जैसे ठिकाना ही नहीं था। श्रीराम जैसा वीर पुरुष दामाद के रूप में पाकर वे अत्यंत प्रसन्न थे।

सीताजी ने श्रीराम के गले में वरमाला डालकर उन्हें अपने पति के रूप में स्वीकार किया। इसके पश्चात् मुनि विश्वामित्र के सुझाव पर राजा दशरथ ने सीता और राम के विवाह की सूचना लेकर अपने दूतों को अयोध्या भेजा। राजा जनक के दूतों ने सीता स्वयंवर का समाचार महाराज दशरथ को सुनाया तो उनकी प्रसन्नता का ठिकाना न रहा। प्रभु राम की वीरता का समाचार सुनकर अयोध्या नगरी में श्रीराम की जय-जयकार के नारे गूँजने लगे। चारों ओर खुशियाँ-ही-खुशियाँ बिखरने लगीं। वधू के आने की खुशी में अयोध्या नगरी को दुलहन की तरह सजाया जाने लगा।

सगे-संबंधियों, दल-बल के साथ बारात को सजाकर महाराज दशरथ

मिथिला नगरी की ओर कूच करने लगे। स्वर्ण-आभूषण, हीरे-जवाहरात, घोड़े-हाथी, सेना, योद्धा, वीर सभी बारात की शोभा बढ़ा रहे थे। अपने-अपने दिव्य रथों पर सवार महर्षि, मंत्री, सभासद आगे-आगे चल रहे थे। अंत में चार दिन लगातार चलने के उपरांत श्रीराम की बारात जनकपुरी मिथिला में जा पहुँची।

राजा जनक तथा उनके सहयोगियों ने बारात का स्वागत बड़ी ही धूमधाम से किया। चारों ओर आनंद-ही-आनंद था। सजे हुए हाथी, घोड़े, रथ और सिपाही नगर की शोभा बढ़ा रहे थे। चारों ओर शहनाइयाँ और नगाड़े बजाए जा रहे थे।

बारात के स्वागत के पश्चात् पाणिग्रहण-संस्कार की तैयारियाँ होने लगीं। राजा जनक के छोटे भाई कुशध्वज सांकाश्या नगरी के राजा थे। मांडवी तथा श्रुतकीर्ति उनकी दो कन्याएँ थीं। महामुनि विश्वामित्र ने मांडवी का हाथ भरत के लिए तथा श्रुतकीर्ति का हाथ शत्रुघ्न के लिए माँग लिया। इस प्रकार एक ही मंडप में प्रभु राम का विवाह सीता के साथ, लक्ष्मण का उर्मिला के साथ, भरत का मांडवी तथा शत्रुघ्न का विवाह श्रुतकीर्ति से कर दिया गया। राजा जनक ने बड़ी प्रसन्नता के साथ कन्यादान किया। इस प्रकार श्रीराम के साथ सभी भाइयों का विवाह एक साथ संपन्न हो गया।

विवाह के पश्चात् महर्षि विश्वामित्र हिमालय की ओर चल दिए तथा महाराजा दशरथ अपने चारों पुत्रों, बंधुओं, संबंधियों, संगी-साथियों को लेकर अयोध्या के लिए प्रस्थान करने लगे। कई दिनों की सफल यात्रा के बाद राजा दशरथ अपने पुत्र-बंधुओं के साथ अयोध्या नगरी पहुँच गए, जहाँ उनका भव्य स्वागत किया गया। सभी नगरवासियों ने सीता और श्रीराम की जोड़ी को जी भरकर निहारा और उन्हें मंगलकामनाएँ दीं।

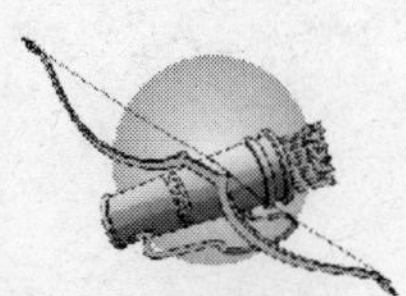

कैकेयी का वरदान

राजमहल में सबकुछ ठीक प्रकार चल रहा था। राजा दशरथ अपने पुत्रों तथा पुत्रवधुओं के साथ बड़े आनंद से दिन व्यतीत कर रहे थे। श्रीराम भी अब महाराज दशरथ के राज-काज में अपना हाथ बँटाने लगे थे।

एक दिन राम को अपने पास सिंहासन पर बैठाते हुए राजा दशरथ बोले, 'प्रिय पुत्र राम! मेरा जीवन अब ढलते सूर्य की तरह है, न जाने जीवन में कब संध्या हो जाए। बस, अब मेरी अंतिम इच्छा यही है कि मैं तुम्हें इस राजसिंहासन पर बैठाकर अपने दायित्व से मुक्त हो जाऊँ।'

अगले दिन राजा दशरथ ने गुरु वसिष्ठ को बुलाकर राम के राजतिलक के बारे में बताया और श्रीराम को राजतिलक के विषय में सभी विधि-विधान समझाने का आग्रह किया।

गुरु वसिष्ठ ने श्रीराम को बुलाकर राजतिलक की सभी बातें समझाकर कहा, 'प्रिय राम! कल तुम्हारा राज्याभिषेक होगा। अतः आज रात तुम्हें सीता सहित उपवास रखना होगा तथा संयम से काम लेकर इन मंत्रों का जाप करते रहना होगा। इसके अतिरिक्त, आज रात्रि को तुम्हें राजसी बिस्तर त्यागकर घास पर सोना होगा।'

श्रीराम ने गुरु वसिष्ठ को आश्वासन दिया और उनके आदेश का पूर्णरूप से पालन करने का वचन दिया।

जैसे ही श्रीराम के राजतिलक का समाचार मंथरा दासी के कानों में पड़ा, वह भागकर रानी कैकेयी के कक्ष में पहुँची और बोली, 'हे रानी! तुम्हारे भाग्य का सूर्यास्त होने वाला है। तुम यदि अब भी सावधान नहीं हुईं तो तुम्हारे पुत्र के राजतिलक का सपना चूर-चूर हो जाएगा। क्योंकि महाराज ने भरत की

अनुपस्थिति में राम का राजतिलक करने का निर्णय कर लिया है।'

मंथरा की बात रानी की समझ में बिलकुल नहीं आई। वह तो बस राम के राजतिलक की बात सुनकर खुशी से झूम उठी थी। उसने तुरंत अपने गले से हार निकालकर दासी मंथरा की ओर बढ़ा दिया। मंथरा हार को पटकते हुए बोली, 'बिलकुल पगली स्त्री की भाँति हो तुम! तनिक सोचो, जिस दिन राम राजा बन जाएगा, तुम्हारी और तुम्हारे पुत्र की क्या औकात होगी? एक साधारण प्रजा बनकर रह जाओगे तुम?'

मंथरा के वचनों का कैकेयी पर प्रभाव पड़ने लगा। वह सोच में डूब गई और बोली, 'अब मैं क्या कर सकती हूँ? अब तो...'

'अब भी समय है, तुम राजा से अपने वे दो वरदान माँग लो, जिन्हें राजा ने तुम्हें देने को कहा था। पहले वरदान में भरत को राजतिलक माँगना और दूसरे में राम के लिए चौदह वर्ष का वनवास माँग लेना।' मंथरा कटुता भरी दृष्टि करते हुए बोली।

मंथरा की कुटिल बातों का असर कैकेयी पर हो चुका था। स्वार्थ ने उसे पूरी तरह जकड़ लिया था। अपने सभी आभूषण उतारकर तथा केश बिखेरकर कैकेयी कोपभवन में जाकर लेट गई। जब महाराज दशरथ कैकेयी से मिलने आए तो उन्हें ज्ञात हुआ कि रानी कोपभवन में है। वे तुरंत रानी के पास पहुँचे तथा उसके दु:खी होने का कारण पूछा। परंतु कैकेयी तनिक भी टस से मस नहीं हुई। अंत में महाराज बोले, 'मैं प्रतिज्ञा करता हूँ कि तुम्हारी हर इच्छा पूरी करूँगा!'

कैकेयी की तो जैसे मन की मुराद पूरी हो गई हो। वह तुरंत उठ बैठी और बोली, 'हे राजन्! बहुत समय पहले मैंने युद्ध में आपकी सहायता की थी, तभी

आपने मुझसे दो वर माँगने को कहा था। किंतु मैंने समय आने पर वर माँगने की बात कही थी। अतः आज वह समय आ गया है। मैं अपने दोनों वरदान माँगना चाहती हूँ, यदि आपको कोई आपत्ति न हो तो?'

राजा दशरथ तुरंत बोल उठे, 'हाँ, मैंने तुमसे दो वरदान माँगने को कहा था। मुझे भली प्रकार याद है, तुम आज भी अपने उन दोनों वरदानों को माँग सकती हो।'

कैकेयी ने ठंडी साँस भरी और बोली, 'हे राजन्! पहले वरदान में मेरे बेटे भरत को राजगद्दी दें तथा दूसरे वरदान में राम को चौदह वर्षों का वनवास दिया जाए।'

कैकेयी के कुटिलता भरे इन दो वरदानों की बात को महाराज दशरथ सहन न कर सके और मूर्च्छित होकर गिर पड़े।

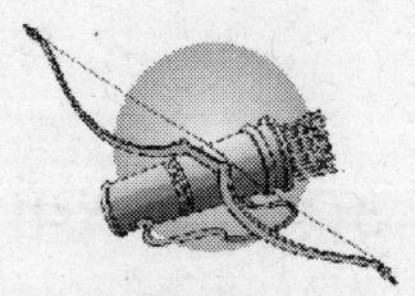

राम वनवास

राजा दशरथ को जब होश आया तो रानी कैकेयी को उन्होंने सामने पाया। राजा दशरथ लाचार होकर विलाप करते हुए बोले, 'हे रानी! तुम जो चाहो, मैं दे दूँगा। अपना सारा राजपाट मैं भरत को देने के लिए तैयार हूँ, परंतु तुम मुझसे मेरे प्रिय राम का बिछोह मत माँगो। मैं अपने राम के बिना एक पल भी नहीं जी पाऊँगा। मुझे राम से अलग मत करो। कैकेयी, मैं तुमसे हाथ जोड़कर प्रार्थना करता हूँ। मैं राम के बिना नहीं जी पाऊँगा!' यह कहते हुए राजा दशरथ का गला रुँध गया।

परंतु कैकेयी तो जैसे अपना अटल इरादा कर चुकी थी। वह अब भी अपनी जिद पर अड़ी हुई थी।

लाचार राजा दशरथ ने सुमंत द्वारा श्रीराम को अपने पास बुलाने के लिए संदेश भिजवाया। श्रीराम तुरंत पिता की आज्ञा का पालन करने के लिए उनके पास पहुँचे। कक्ष का दृश्य देखकर राम आश्चर्यचकित हो गए। उन्होंने कैकेयी से पूछा, 'माँ, क्या हुआ? पिताश्री इस तरह व्याकुल क्यों हैं?'

'राम, मैंने अपने दो वरदान इनसे माँग लिये थे, इसीलिए ये चिंता में पड़ गए हैं।' कैकेयी अपनी नजरें चुराते हुए बोली।

राम ने महाराज के सामने हाथ जोड़कर कहा, 'पिताश्री, इसमें चिंतित होने की कौन सी बात है? माता अपने जो वरदान माँग रही हैं, उन्हें दे दीजिए,

अन्यथा इस रघुकुल की रीति झूठी हो जाएगी।'

राम की बात सुनकर दशरथ बोले, 'प्रिय पुत्र, तुम नहीं जानते कि कैकेयी ने क्या वर माँग लिया है! इसने तुम्हें चौदह वर्ष का वनवास माँगा है।' कहकर राजा दशरथ फूट-फूटकर रोने लगे।

राम ने बिना किसी संकोच के कहा, 'पिताश्री, यह तो मेरे लिए सौभाग्य की बात होगी, जो कि मैं माता-पिता की आज्ञा-पालन कर सकूँगा। मुझे आज्ञा

दीजिए पिताजी, कि मैं आपके वचन की लाज रख सकूँ।' यह कहते हुए राम ने दोनों के चरण-स्पर्श किए और कक्ष से बाहर चल दिए। लक्ष्मण ने राम की सारी बातें सुन ली थीं। अत: वे भी श्रीराम के साथ चल दिए।

राम ने शीघ्रता से अपनी माँ कौशल्या का आशीर्वाद लिया और बोले, 'माँ, मुझे पिताश्री ने वन का राज्य सौंपा है, अत: मुझे आशीर्वाद दें कि मैं अपने कर्तव्य का निर्वाह भली-भाँति कर सकूँ।'

राम, सीता और लक्ष्मण अपने सभी राजसी वस्त्रों एवं आभूषणों को त्यागकर पिता दशरथ तथा माताओं की आज्ञा लेकर वनवास के लिए चल पड़े। अपने प्राणों से प्रिय राम को वनवास जाता देखकर अयोध्या नगरी की सारी प्रजा विलाप करने लगी। चारों ओर रुदन और हाहाकार मचा हुआ था। सभी राम के वियोग में विलाप कर रहे थे।

किसी प्रकार नगर-वासियों को समझा-बुझाकर, उन्हें बिलखता छोड़कर राम वन की ओर बढ़ गए। जंगलों, झरनों, चट्टानों तथा पहाड़ियों से गुजरते हुए राम, लक्ष्मण तथा सीता वनों की ओर बढ़ते जा रहे थे। आज वे अपने राज-वैभव को त्यागकर माता-पिता की आज्ञा का पालन करने के लिए वनों की ओर प्रस्थान कर रहे थे।

धन्य थे ऐसे माता-पिता, जिनको राम जैसा आज्ञाकारी पुत्र मिला था।

राम, सीता और लक्ष्मण वन की ओर चले जा रहे थे, तभी रास्ते में गंगा नदी पड़ी। नदी पार करने के लिए राम ने एक नाविक को आवाज दी। लेकिन नाविक ने राम की आवाज अनसुनी कर दी। राम ने पुन: नाविक केवट को आवाज दी। केवट बोले, 'मुझे क्षमा करें प्रभु, मैं आपके चरण-धूलि की महिमा जानता हूँ। डरता हूँ कि कहीं आपकी चरण-धूलि लगते ही मेरी नौका भी नारी

न बन जाए! अतः प्रभु, मुझे तो क्षमा ही करें।'

राम केवट के मन के भाव को जान चुके थे। वे बोले, 'हे केवट! मुझे ऐसा क्या करना होगा, जिससे तुम हमें नदी से उस पार पहुँचा सको?'

केवट ने अवसर का लाभ उठाते हुए कहा, 'प्रभु, जब तक मैं आपके चरणों को जल से भली प्रकार धो नहीं लेता, तब तक मैं आपको उस पार नहीं छोड़ सकता।'

भगवान् राम केवट के मन के भावों को पहचान गए थे कि वह उनके चरणों को धोना चाहता है। अतः एक परम भक्त का अपने प्रति भक्ति-भाव देखकर भगवान् राम ने केवट को अपने चरण धोने की आज्ञा दे दी।

केवट को तो जैसे मुँह माँगा उपहार मिल गया था। उसने तुरंत प्रभु के चरण धोने शुरू कर दिए। एक भक्त और भगवान् के बीच ऐसा भक्ति-भाव देखकर देवता भी फूल बरसाने लगे।

अयोध्या नगरी आज शोक में डूबी हुई थी, क्योंकि राम के वियोग में राजा दशरथ ने अपने प्राण त्याग दिए थे। पिता की मृत्यु का समाचार सुनकर भरत अयोध्या वापस आ गए। तभी उन्हें यह भी समाचार मिला कि उनकी माता कैकेयी द्वारा श्रीराम को चौदह वर्षों का वनवास दिया गया है, साथ में भाई लक्ष्मण तथा सीता भी वनों में रहने के लिए चले गए हैं।

भरत के क्रोध की सीमा नहीं रही। उन्होंने माता कैकेयी को बहुत भला-बुरा कहा तथा शीघ्र ही गुरु वसिष्ठ, सुमंतजी तथा शत्रुघ्न को लेकर वन की ओर चल पड़े।

भरत के साथ भारी घुड़सवारों व सेना को लक्ष्मण ने दूर से देखा तो सकते में आ गए। वह सोचने लगे कि अवश्य ही किसी राजा ने उन पर आक्रमण कर दिया है। परंतु शीघ्र ही वह जान गए कि भाई भरत उनसे मिलने आए हैं।

भरत ने जैसे ही राम को देखा तो तुरंत वे उनके चरणों में गिर पड़े। प्रभु राम ने भरत को उठाया और अपने सीने से लगा लिया। कुछ पल के लिए ऐसा लग रहा था कि जैसे समय थम-सा गया है। दो भाइयों का ऐसा मिलन प्रकृति ने आज तक नहीं देखा था।

पिता की मृत्यु का समाचार सुनकर राम की अश्रुधारा बह निकली। वे मूर्च्छित अवस्था में पृथ्वी पर गिर गए। किसी प्रकार लक्ष्मण और सीताजी के धीरज देने पर श्रीराम पुनः होश में आए।

कुछ समय पश्चात् भरत ने श्रीराम से वापस अयोध्या जाने का आग्रह किया। परंतु श्रीराम भरत के इस आग्रह को न मानते हुए बोले, 'हे अनुज! यदि मैं वापस अयोध्या लौटता हूँ तो हमारे स्वर्गवासी पिताजी की प्रतिज्ञा का अपमान होगा। अतः तुम मुझे मेरे कर्तव्य का पालन करने दो और स्वयं अयोध्या जाकर राज-काज सँभालो तथा प्रजा की देखभाल करो।'

प्रभु राम के ऐसे वचन सुनकर भरत अधीर हो उठे और बोले, 'हे भ्राता! आपके बिना मैं अयोध्या में नहीं रह पाऊँगा। यदि अयोध्या का राज-पाट कोई देख सकता है तो वे केवल आप ही हैं।'

भाई भरत का हठ देखकर प्रभु राम ने उन्हें समझाते हुए कहा, 'प्रिय भरत, तुम बिलकुल चिंता मत करो। मेरा आशीर्वाद तुम्हारे साथ है। तुम अयोध्या लौट जाओ। वहाँ की प्रजा तुम्हारी प्रतीक्षा कर रही है।'

श्रीराम का आदेश मानकर भरत ने उनकी खड़ाऊँ लेने का आग्रह किया। राम ने अपनी खड़ाऊँ देकर भरत को अयोध्या के लिए विदा कर दिया। भरत अपनी सेना सहित अयोध्या लौट आए और श्रीराम की खड़ाऊँ को सिंहासन पर सजाकर राज्य का राज-काज देखने लगे।

सीता-हरण

दुर्गम वनों में रहते तथा अपना समय बिताते श्रीराम, सीता एवं लक्ष्मण ऋषि अगस्त्य के आश्रम में जा पहुँचे। वहाँ ऋषि अगस्त्य ने प्रभु राम का स्वागत किया तथा उनके दर्शन से अपने को धन्य समझा। महान् ज्ञानी ऋषि अगस्त्य ने प्रभु राम को पंचवटी में रहने का सुझाव दिया। ऋषि जानते थे कि पंचवटी में निवास किए बिना राक्षसों का संहार संभव नहीं है।

श्रीराम ने भी ऋषि अगस्त्य का सुझाव सहर्ष स्वीकार कर लिया तथा तीनों ने पंचवटी की ओर प्रस्थान किया।

पंचवटी के प्राकृतिक सौंदर्य को देखकर सीताजी बहुत प्रसन्न हुईं तथा उन्होंने भी वहीं रहने की इच्छा प्रकट की। राम ने सीताजी के मन की बात जानकर लक्ष्मण को वहीं पर पर्णकुटी बनाने का आदेश दिया।

कुछ समय में ही वहाँ एक सुंदर कुटिया का निर्माण हो गया। श्रीराम भाई लक्ष्मण तथा पत्नी सीता सहित कुटी में बड़े प्रेम से निवास करने लगे। भाई लक्ष्मण अपने बड़े भाई तथा भाभी की सेवा में हमेशा तत्पर रहते। आस-पास से फल-फूल चुनकर लाते तथा बड़े प्रेम से अपनी जीविका चलाते। भ्रातृ-प्रेम और सम्मान का ऐसा उदाहरण संसार में शायद ही दूसरा कोई होगा।

एक दिन श्रीराम, लक्ष्मण और सीता पर्णकुटी में बैठकर अपने पिछले दिनों की बातें कर रहे थे। तभी वहाँ रावण की बहन शूर्पणखा आ पहुँची। जब उसने

राम व लक्ष्मण को देखा तो वह काम–वासना से पीड़ित हो गई। उसने तुरंत एक सुंदर स्त्री का वेश बनाया और श्रीराम के पास जाकर कहने लगी, 'हे सुंदर पुरुष! मैंने अपने जीवन में तुम्हारे जैसा सुंदर युवक नहीं देखा, और सुंदरता में मैं भी किसी से कम नहीं हूँ। अतः तुम मेरे साथ विवाह कर लो तो अत्यंत सुखी रहोगे।'

शूर्पणखा की बात सुनकर श्रीराम ने उसे टालते हुए कहा, 'हे सुंदर स्त्री! तुम सच में परम सुंदर हो; परंतु मैं तुमसे विवाह नहीं कर सकता, क्योंकि मैं पहले से ही विवाहित पुरुष हूँ। हाँ, यदि तुम चाहो तो मेरे छोटे भाई लक्ष्मण के समक्ष अपना यह प्रस्ताव रख सकती हो।'

कामांध स्त्री शूर्पणखा को यह प्रस्ताव भी उचित लगा। उसने तुरंत लक्ष्मण के पास जाकर विवाह का प्रस्ताव रखा। परंतु लक्ष्मण ने भी उससे विवाह करने से इनकार कर दिया और कहा, 'हे सुंदरी! मैं तो श्रीराम का दास हूँ। अपना समस्त जीवन इनके चरणों में व्यतीत करना चाहता हूँ, फिर भला मैं तुमसे विवाह कैसे कर सकता हूँ?'

राम और लक्ष्मण के द्वारा विवाह का प्रस्ताव ठुकराने पर रावण की बहन शूर्पणखा तिलमिला उठी। वह तुरंत अपने वास्तविक रूप में आ गई और भयंकर गर्जना करने लगी। अपने इसी रूप में वह सीताजी की ओर झपटी। सीताजी घबरा गईं। वह चीखने-चिल्लाने लगीं। जब राम से सहन न हुआ तो उन्होंने तुरंत लक्ष्मण को संकेत किया।

राम के संकेत को लक्ष्मण भली प्रकार समझते थे, अतः उन्होंने राम का संकेत पाकर शूर्पणखा के नाक और कान काट डाले। नाक-कान कटते ही शूर्पणखा की चीख निकल पड़ी। वह चिल्लाती हुई अपने भाई खर और दूषण के पास भागी।

अपनी बहन शूर्पणखा का लहूलुहान चेहरा देखकर खर और दूषण अपना आपा खो बैठे और बोले, 'बता बहन! इस पृथ्वी पर कौन दुष्ट है, जिसने तेरी ऐसी दशा कर डाली? लगता है, उसे अपने जीवन से तनिक भी मोह नहीं रहा।'

खर–दूषण के क्रोध की ज्वाला को और भी भड़काने के लिए शूर्पणखा ने अपनी सारी आप–बीती सुना डाली। अब तो दोनों भाइयों के क्रोध की सीमा न रही। उन्होंने तुरंत अपनी सेना को बुलाकर श्रीराम पर चढ़ाई करने की तैयारी कर दी।

राक्षसों का राम और लक्ष्मण के साथ घमासान युद्ध हुआ। और अंत में सत्य की जीत हुई। यानी खर और दूषण की विशाल सेना को श्रीराम ने पल भर में ही समाप्त कर डाला। खर और दूषण की मृत्यु का समाचार लंका–नरेश रावण को मिला तो उसे विश्वास नहीं हुआ कि दो साधारण वनवासी इतनी विशाल सेना तथा महाबलशाली खर–दूषण को मार सकते हैं! परंतु सत्य तो आखिर सत्य ही होता है। यह समाचार अति बलवान् अकंपन नामक राक्षस ने महाबली रावण को सुनाया।

अकंपन द्वारा ऐसा समाचार सुनकर रावण का सिर चकरा गया। वह सोच में पड़ गया कि राक्षसों की इतनी विशाल सेना तथा महाबली खर और दूषण का वध कोई साधारण व्यक्ति तो नहीं कर सकता! हो न हो, वे कोई असाधारण मनुष्य हैं।

अकंपन ने बताया, 'हे महाबली लंकेश! वे दोनों बालक अयोध्या के राजा दशरथ के पुत्र राम और लक्ष्मण हैं। साथ में उनके संग एक सुंदर स्त्री भी है, और वही स्त्री आपकी बहन शूर्पणखा के अपमान का कारण बनी, जिसका बदला लेने के लिए खर और दूषण को अपनी जान गँवानी पड़ी। इतना ही नहीं, उसी सुंदर स्त्री में उन दोनों भाइयों की जान बसती है। यदि उनसे इस अपमान का बदला लेना चाहते हैं तो उस स्त्री को उनसे अलग करना होगा।'

अब तो पूरी बात रावण की समझ में आ चुकी थी। उसने तुरंत मामा मारीच के पास जाकर सीता का हरण करने की योजना बनाई। योजना के द्वारा मारीच को स्वर्ण मृग बनकर राम को कुटिया से दूर ले जाना था, क्योंकि मारीच किसी का भी रूप धरने तथा आवाज बदलने में निपुण था।

कार्य को योजना के अनुसार ही रूप दिया गया। मारीच सोने का मृग बनकर इधर-उधर घूमने लगा। सीता ने ऐसा सुंदर मृग पहली बार देखा था, अतः श्रीराम से उन्होंने उस मृग को मारकर या जीवित लाने का आग्रह किया। अपना पति-धर्म निभाने के लिए राम सीता की सुरक्षा लक्ष्मण को सौंपकर उस मृग के पीछे दौड़ पड़े। मृग कुलाँचें भरता हुआ दूर घने वन में निकल गया।

अचानक 'हे लक्ष्मण! मुझे बचाओ, हे लक्ष्मण! मुझे बचाओ' की आवाज सुनकर सीता बेचैन हो उठीं। यह आवाज उन्हें श्रीराम की लगी। परंतु यह आवाज मारीच की थी, जिसने राम के बाण लगते समय निकाली थी, जो कि योजना का ही एक हिस्सा था।

लक्ष्मण बोले, 'हे माता! यह आवाज कदापि अग्रज राम की नहीं हो सकती। वे तो महान् शक्तिशाली योद्धा हैं। भला दूसरों को संकट से उबारनेवाले स्वयं संकट में कैसे फँस सकते हैं?' परंतु सीताजी ने लक्ष्मण को वहाँ जाने का आदेश दिया। अंत में विवश होकर लक्ष्मण ने कुटिया के चारों ओर अपने तीर से एक रेखा खींची और कहा, 'हे माता सीता! जब तक मैं भ्राता राम का पता लगाकर न आऊँ, तब तक आप इस रेखा से बाहर न आएँ। यह 'लक्ष्मण-रेखा' आपकी रक्षा करेगी।' कहकर लक्ष्मण अपना धनुष-बाण लेकर राम की खोज में चल दिए।

रावण जैसे इसी क्षण की प्रतीक्षा में था। उसने तुरंत साधु का वेश धारण किया और भिक्षा माँगने पर्णकुटी के पास पहुँचा। द्वार पर साधु आया देखकर सीता भिक्षा लेकर आईं तो उन्हें लक्ष्मण के कहे शब्द याद आ गए। अतः उन्होंने 'लक्ष्मण-रेखा' के अंदर से ही भिक्षा लेने का आग्रह किया। किंतु रावण 'लक्ष्मण-रेखा' का मर्म जान चुका था। वह बोला, 'हे देवी! यदि तुम इस रेखा से बाहर आकर भिक्षा नहीं दोगी तो मैं बिना भिक्षा लिये ही चला जाऊँगा।'

सीता ने साधु को द्वार से खाली हाथ जाने देना उचित नहीं समझा और वह भिक्षा में कंद-मूल आदि लेकर रेखा के बाहर आईं, रावण तुरंत उनके केश पकड़कर अपने असली रूप में आ गया।

अचानक यह सब देखकर सीताजी घबरा गईं। उन्होंने दुष्ट रावण से बचने का बहुत प्रयास किया, किंतु कपटी रावण अपने छल-बल में सफल हो गया और सीताजी का हरण कर लंका की ओर चल दिया।

रावण सीता को विमान द्वारा आकाश मार्ग से ले जा रहा था। सीता रोती हुई चीख-चीखकर सहायता के लिए पुकार रही थीं। रावण ने कहा, 'हे सीते! इस निर्जन वन में तेरी पुकार कोई नहीं सुनेगा। तेरा अपहरण करके मैंने अपनी बहन शूर्पणखा के अपमान का बदला लिया है।'

सीता के मुख से राम को पुकारने की आवाज जटायु ने सुनी। उस समय जटायु एक पेड़ पर विश्राम कर रहा था। जटायु ने रावण का पीछा किया और बोला, 'अरे दुष्ट रावण! एक अबला नारी का अपहरण करने में तुझे जरा भी लज्जा नहीं आती? यदि तुझमें साहस है तो पहले मुझसे युद्ध कर। मैं तुझे इस तरह यहाँ से जाने नहीं दूँगा।'

जटायु की बातें सुनकर रावण अत्यधिक क्रोधित होकर बोला, 'अरे तुच्छ पक्षी! तेरी औकात ही क्या है, जो मुझसे युद्ध कर सके? चल, हट जा, अन्यथा तलवार के एक ही वार से तेरे पंख काटकर सीधा मौत के घाट उतार दूँगा!'

जटायु ने रावण की बात नहीं मानी और अपनी चोंच के प्रहार से रावण को घायल करके सीता को छुड़ाने का प्रयास करने लगा। इस प्रकार जटायु को भी काफी चोटें लगीं। जटायु छोटा पक्षी था, इसलिए शक्तिशाली रावण का मुकाबला न कर सका। लेकिन फिर भी जटायु ने रावण से अंतिम साँस तक युद्ध किया।

घायल होने पर भी जटायु ने अपनी चोंच से रावण की आँख पर घातक प्रहार किया, जिससे रावण पीड़ा से तिलमिला उठा और उसने अपनी तलवार से जटायु के पंख काट दिए। जटायु पंख कटने के कारण छटपटाता हुआ नीचे भूमि पर गिर पड़ा।

जटायु की मृत्यु से पूर्व राम-लक्ष्मण सीता को खोजते हुए वहाँ आए और जटायु को घायल अवस्था में देखकर राम का हृदय बहुत दुःखी हुआ। राम ने जटायु से कहा कि 'तुम धन्य हो, तुमने मेरे लिए अपने प्राण त्याग दिए।'

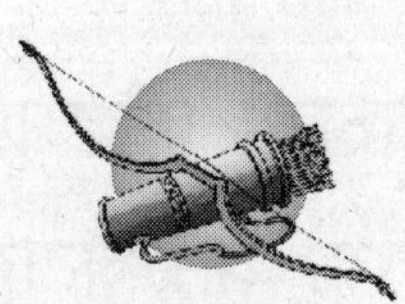

राम की शबरी से भेंट

शबरी एक भील सरदार की बेटी थी। छह साल की आयु में उसके पिता ने उसके विवाह की तैयारी की। जब शबरी को पता चला कि उसके विवाह में बेजुबान, निर्दोष पशुओं की बलि दी जाएगी तो उसका मन दुःखी हो गया और वह घर छोड़कर मतंग ऋषि के आश्रम में पहुँच गई। मतंग ऋषि को शबरी ने अपनी कहानी रो-रोकर सुनाई। ऋषि ने शबरी को सांत्वना दी और कहा, 'तुम इस आश्रम में रहो। जब भगवान् राम अवतार लेंगे तो यहाँ जरूर आएँगे और तुम्हें दर्शन देंगे।'

उस दिन से शबरी रोज सुबह झाड़ू-बुहारू करती, भूमि लीपती और रास्ते में फूल बिछा देती। न जाने प्रभु श्रीराम कब आ जाएँ! शबरी सुबह से शाम तक राम की प्रतीक्षा करती। वह रात को ठीक से सो भी नहीं पाती। उसे सुबह होने की प्रतीक्षा रहती कि प्रभु राम न जाने कल आ जाएँ? इस प्रकार प्रतीक्षा करते-करते दिन, महीने और साल गुजरते गए।

जो शबरी छह वर्ष की आयु में आश्रम में आई थी, अब वह नब्बे वर्षीया वृद्धा बन चुकी थी, लेकिन न तो उसकी प्रतीक्षा समाप्त हुई और न ही उत्साह। एक दिन शबरी ने सुना कि राम-लक्ष्मण आ रहे हैं, तो वह खुशी से विह्वल हो गई। लंबी प्रतीक्षा के बाद शबरी की इच्छा पूरी हो गई और राम तथा लक्ष्मण शबरी की कुटिया में पधारे।

शबरी ने राम-लक्ष्मण को आसन पर बैठाया और झरबेरी के बेर लाकर उन्हें खाने को दिए। शबरी पहले बेर स्वयं चखती और केवल मीठे बेर ही राम को खाने को देती। शबरी के जूठे बेर राम बहुत प्रेम से खा रहे थे।

शबरी को देखकर कुछ ऋषियों को ईर्ष्या होने लगी कि श्रीराम शबरी को इतना महत्त्व दे रहे हैं! इसी कारण ऋषियों की हमेशा जली रहनेवाली यज्ञ की अग्नि बुझ गई। कुछ ऋषि श्रीराम के पास आए और पंपा सरोवर को दिखाकर

कहने लगे, 'प्रभु, इस सरोवर का पानी रक्त के समान हो गया है और इस पानी में कीड़े भी पड़ चुके हैं।'

श्रीराम तुरंत सारी बात समझ गए और बोले, 'क्या तुमने शबरी को इस सरोवर में स्नान करने से मना किया है?'

ऋषि बोले, 'प्रभु, यह अछूत है, इसलिए यह इस सरोवर के जल में स्नान नहीं कर सकती।'

प्रभु राम ने कहा, 'इसीलिए इस सरोवर के जल में कीड़े पड़ गए हैं। शबरी को तुरंत बुलाओ। उसके चरण-स्पर्श करके जल स्वयं स्वच्छ हो जाएगा।'

श्रीराम की भक्ति के कारण ही शबरी के चरण-स्पर्श करने से सरोवर का जल स्वच्छ हो गया और ऋषियों के यज्ञ की अग्नि भी प्रज्वलित हो गई।

शबरी प्रभु श्रीराम के दर्शन करके कृतार्थ हो गई और बोली, 'प्रभु, प्रेम के अतिरिक्त मेरे पास कुछ भी नहीं है। कृपया मुझे निष्कपट, सरल और निश्छल भक्ति का वर प्रदान कीजिए!'

भगवान् श्रीराम ने शबरी की भक्ति से प्रसन्न होकर उसे योगियों के लिए भी दुर्लभ गति प्रदान की।

दुष्ट रावण द्वारा सीताजी को ले जाते हुए जटायु ने देख लिया था और वह उन्हें रावण से छुड़ाने का प्रयास करने लगा। परंतु शक्तिशाली रावण के आगे जटायु की एक न चली और वह रावण से युद्ध करते हुए घायल होकर पृथ्वी पर गिर पड़ा।

उधर जब राम और लक्ष्मण कुटिया में लौटकर आए तो सीताजी को वहाँ ने देखकर बहुत दुःखी हुए। वे विलाप करते हुए 'सीता, सीता' कहकर उनकी

खोज करने लगे। कुछ ही दूरी पर उन्हें जटायु के कराहने की आवाज आई। वे तुरंत उस ओर गए। जटायु ने कराहते हुए कहा, 'हे कृपा-निधान प्रभु राम! मैं स्वयं पर बहुत लज्जित हूँ, जो जानकी को नहीं बचा सका। मुझे क्षमा कर देना, प्रभु! लंका-नरेश रावण द्वारा ही मेरी यह दशा हुई है। वही पुत्री सीता को लेकर दक्षिण दिशा में गया है। मैं तो केवल यही बताने के लिए जीवित था, प्रभु!' इतना कहकर जटायु ने अपने प्राण त्याग दिए।

श्रीराम ने अपने हाथों से जटायु का दाह-संस्कार किया और दोनों भाई सीता की खोज में आगे बढ़ गए।

राम-हनुमान मिलन

घने जंगलों में घूमते हुए श्रीराम और लक्ष्मण पर जब वानरराज सुग्रीव की दृष्टि पड़ी तो सुग्रीव ने अपने मंत्री हनुमान को यह पता लगाने के लिए उनके पास भेजा कि वे कौन हैं तथा किस उद्देश्य से इस पर्वत पर आए हैं? हनुमान सुग्रीव की आज्ञा लेकर तथा ब्राह्मण का वेश बनाकर राम से मिलने निकल पड़े।

जैसे ही राम ने हनुमान को अपना परिचय दिया, वे स्वयं को धन्य समझने लगे। अपने असली रूप में आकर तथा हाथ जोड़कर वे बोले, 'हे प्रभु राम! आज मेरा जीवन आपके दर्शन मात्र से ही धन्य हो गया। कहिए, यह सेवक आपकी क्या सेवा कर सकता है?'

राम ने वन आने से लेकर सीता-हरण तक की सारी बातें हनुमान को बता दीं। हनुमान बोले, 'हे प्रभु! यह स्थान महाराज सुग्रीव के राज्य-क्षेत्र में आता है। मैं उनसे आपकी मित्रता करा देता हूँ, इससे आपको सीता माता को खोजने में सहायता मिलेगी और महाराज सुग्रीव आपके अच्छे मित्र भी साबित होंगे। भालू और वानरों की उनकी विशाल सेना आपके लिए बहुत सहयोगी होगी।'

आज प्रभु राम की भेंट उनके परम भक्त हनुमान से हुई थी। हनुमान, जो इस पृथ्वी पर अपनी परम भक्ति के कारण जाने जाते हैं। असीम बल और बुद्धि के स्वामी वे भगवान् शंकर के अवतार माने जाते हैं। अपने परम भक्त हनुमान का कहना भला प्रभु राम कैसे न मानते? अतः उन्होंने सुग्रीव के पास चलने का

निर्णय कर लिया। भक्त हनुमान ने श्रीराम एवं लक्ष्मण को अपने कंधे पर उठाया और सुग्रीव के राजभवन की ओर चल दिए।

राम-सुग्रीव मित्रता

शबरी से मिलने के बाद राम और लक्ष्मण की भेंट हनुमान से हो गई। हनुमान राम और लक्ष्मण को सुग्रीव के पास लेकर गए। सुग्रीव ने राम और लक्ष्मण का उचित आदर व सत्कार किया। सुग्रीव ने श्रीराम को बताया कि उसके भाई बाली ने उसे धक्के मारकर राज्य से निकालकर उसकी पत्नी का बलपूर्वक वरण कर लिया है और बाली के डर से वह इस पर्वत पर छिपकर रहता है। उसने कहा कि जो नीच, नराधम अपने छोटे भाई की पत्नी पर बुरी दृष्टि डाले, उसको मारना ही उचित है। सुग्रीव ने आश्वस्त होकर सारी कहानी श्रीराम को सुनाई।

सुग्रीव की आपबीती सुनकर श्रीराम को बहुत दुःख हुआ। उन्होंने वचन दिया कि वे दुष्ट बाली का वध करके सुग्रीव को उसका खोया हुआ राज्य अवश्य वापस दिलाएँगे।

इसके बाद हनुमान ने श्रीराम की स्थिति से भी सुग्रीव को अवगत कराया कि किस प्रकार लंका का राजा रावण उनकी पत्नी सीता का हरण करके ले गया है। प्रभु श्रीराम भी सीता के वियोग में वन में इधर-उधर भटक रहे हैं।

तभी सुग्रीव ने श्रीराम को बताया कि उन्होंने एक स्त्री को रोते-बिलखते आकाश मार्ग से दक्षिण दिशा की ओर जाते हुए देखा था। सुग्रीव ने कहा कि उस स्त्री ने हमें देखकर, अपना वस्त्र फाड़कर उसमें कुछ आभूषण बाँधकर फेंके थे। कहीं वे आभूषण माता सीता के तो नहीं हैं? ऐसा कहकर सुग्रीव ने उन

आभूषणों को श्रीराम को दिखाया।

आभूषणों को देखते ही श्रीराम फूट–फूटकर रोने लगे और बोले, 'उस पापी रावण को अपने अपराध का दंड अवश्य मिलेगा। उसने एक अबला का छलपूर्वक हरण करके अपनी मृत्यु को पुकारा है। अब वह पापी दशानन अधिक दिनों तक जीवित नहीं रह पाएगा।'

राम को व्याकुल देखकर हनुमान, सुग्रीव, नल, नील सभी उनकी सहायता

करने के लिए तैयार हो गए। राम तथा सुग्रीव ने एक-दूसरे की सहायता करने का वचन दिया। हनुमान ने अग्नि प्रज्वलित करके राम तथा सुग्रीव को मित्रता के पवित्र बंधन में बाँध दिया।

बाली को यह वरदान प्राप्त था कि जो कोई उससे सामने आकर युद्ध करेगा, उसकी आधी शक्ति बाली को प्राप्त हो जाएगी। इसलिए राम ने बाली को पेड़ के पीछे से छिपकर मारा था। बाली जैसे शक्तिशाली वीर को मारना बड़ा ही कठिन कार्य था। उसकी शक्ति का अनुमान इसी बात से लगाया जा सकता है कि रावण को अपनी काँख में दबाकर वह छह महीने तक घूमता रहा था।

राम ने सुग्रीव को बाली से युद्ध करने के लिए भेज दिया। दोनों भाइयों में घमासान युद्ध हुआ। बाली शक्तिशाली होने के कारण सुग्रीव को जमीन पर पटक-पटककर मार रहा था। लेकिन ताड़ के वृक्षों की ओट में खड़े श्रीराम अवसर की तलाश में थे। दोनों भाइयों का रूप-रंग, कद-काठी एक समान होने के कारण श्रीराम दोनों भाइयों में अंतर नहीं कर पा रहे थे। इसलिए एक बार सुग्रीव बाली से मार खाकर, अपनी जान बचाकर युद्ध का मैदान छोड़कर लौट आया। इसलिए श्रीराम ने सुग्रीव के गले में पहचान के लिए अपनी माला डाल दी। जैसे ही दूसरे दिन सुग्रीव बाली से लड़ने गया तो श्रीराम ने ताड़ वृक्ष के पीछे से बाण चला दिया। बाण सीधे बाली की छाती में जाकर लगा।

बाली की मृत्यु का समय समीप जानकर श्रीराम बाली के पास गए। वह कष्ट से कराहता हुआ बोला, 'जिसने भी मेरे ऊपर बाण चलाया है, उसने नियमों का उल्लंघन किया है।'

श्रीराम ने अपना परिचय देते हुए बाली से कहा, 'हे वानरराज! जिस समय तुमने अपने छोटे भाई को धक्के मारकर राज्य से बाहर निकाला और छल से

उसकी पत्नी का हरण किया, उस समय तुम्हें नीति और नियम याद क्यों नहीं आए? और अब अपने अंतिम समय में तुम युद्ध के नियमों की बात कर रहे हो!'

बाली ने रोते हुए कहा, 'हे प्रभु! यदि आप मुझसे एक बार कहते तो रावण को मारकर सीता माता को उसके बंधन से अकेला ही मुक्त करा सकता था। लेकिन आपने मुझे छोड़कर सुग्रीव से मित्रता कर ली। मैंने तो आपका कभी कुछ नहीं बिगाड़ा और न ही मेरी आपसे कोई शत्रुता है। फिर भी आपने मुझे छल से मारा। आपने सामने से युद्ध न करके छिपकर मेरे ऊपर वार किया है। यह उचित नहीं है।'

राम ने बाली को समझाते हुए कहा, 'छोटे भाई की पत्नी, बहन, पुत्र-वधु, कन्या : इन चारों को समान समझना चाहिए। जो इन पर बुरी दृष्टि डालता है, उसे मारनेवाले को कभी कोई पाप नहीं लगता। ऐसे अधर्मी व्यक्ति को तो छल या बल से किसी भी तरह मारा जा सकता है।'

बाली को छाती में बाण लगने से बहुत पीड़ा हो रही थी। बाली की पीड़ा को कम करने के लिए राम ने हनुमान को उसकी छाती से बाण निकालने का आदेश दिया। जैसे ही हनुमान ने बाण निकाला, बाली की पीड़ा कम हो गई। उसने श्रीराम से अपने अपराधों के लिए क्षमा माँगी और राम के स्वरूप को पहचानकर सुग्रीव को दयालु श्रीराम की शरण में रहने का सुझाव दिया। बाली ने अपने पुत्र अंगद को भी सुग्रीव की छत्रच्छाया में रहने तथा प्रभु श्रीराम के आदर्शों पर चलने की शिक्षा दी।

श्रीराम ने क्षमा-याचना करने पर बाली के सारे अपराध क्षमा करके उसे मुक्ति प्रदान की। उसका राज्योचित दाह-संस्कार करके सुग्रीव को किष्किंधा का राजा और अंगद को युवराज का पद दे दिया।

सीताजी की खोज

किष्किंधा का राजा बनने के बाद सुग्रीव आमोद-प्रमोद में इस प्रकार डूबे कि उन्हें राम के कार्य की जरा भी याद नहीं रही। वे यह भी भूल गए कि उन्होंने सीताजी की खोज करने में श्रीराम की सहायता करने का वचन दिया है। काफी दिनों से सुग्रीव का कोई समाचार नहीं मिला तो राम चिंतित होने लगे। उन्हें सीता का वियोग दिन-प्रतिदिन खाए जा रहा था। वनवासी होने के कारण राम किसी भी नगर में नहीं जा सकते थे। लक्ष्मण राम को दु:खी देखकर अत्यंत परेशान थे।

राम के वियोग के दु:ख से दु:खी होकर एक दिन लक्ष्मण राम से आज्ञा लेकर किष्किंधा पहुँच गए। लक्ष्मण ने राग-रंग में डूबे हुए सुग्रीव को उसके महल में जाकर खूब फटकार लगाई। लक्ष्मण ने कहा, 'सुग्रीव! तुम मित्रता का धर्म नहीं जानते। भैया श्रीराम ने अपनी मित्रता पूरी ईमानदारी से निभाई, किंतु तुम यहाँ राग-रंग में डूबकर श्रीराम को दिए वचन को ही भूल गए?'

लक्ष्मण की फटकार सुनकर सुग्रीव को अपनी भूल का अहसास हो गया और डर से काँपते हुए सुग्रीव ने लक्ष्मण से क्षमा-याचना की, 'भ्राताश्री, मेरे अपराध को क्षमा कर दीजिए।' इसके बाद सुग्रीव अपनी वानर सेना को एकत्रित करके श्रीराम से मिलने चल दिए।

सुग्रीव ने सबसे पहले श्रीराम के पास जाकर क्षमा-याचना की और वानर सेना को हनुमान के नेतृत्व में सीता की खोज में चारों दिशाओं की ओर भेज

दिया। सुग्रीव ने श्रीराम को आश्वासन दिया कि चाहे रावण सीता माता को लेकर आकाश-पाताल में कहीं भी छिप जाए, हमारी सेना उसे अवश्य ही खोज निकालेगी।

सीता की खोज में निकलते समय हनुमान को श्रीराम ने अपनी मुद्रिका देकर

कहा, ‘हनुमान, यदि तुम्हारी भेंट सीताजी से हो जाए तो उन्हें विश्वास दिलाने के लिए यह अँगूठी दिखा देना और धीरज देना कि वह चिंता न करें, मैं उन्हें शीघ्र ही रावण के बंधन से मुक्त कराने आऊँगा।’ इस प्रकार हनुमान ने श्रीराम से मुद्रिका लेकर ‘जय श्रीराम’ का नारा लगाया और सीता माता की खोज में निकल पड़े।

अनेक वनों और पर्वतों को पार करके हनुमान सेना सहित दक्षिण दिशा में समुद्र के किनारे पहुँच गए। सागर पार करके लंका जाने का उनके पास कोई साधन नहीं था। इसलिए सभी वानर निराश हो गए। वहाँ पर्वत पर जटायु का भाई संपाति रहता था। वह बोला, ‘चार सौ कोस का समुद्र पार करके जानेवाला ही सीताजी से भेंट करने में सफल हो सकता है। रावण ने सीता को लंका में बंदी बनाकर रखा है।’

संपाति की बात सुनकर सभी वानर इधर-उधर बगलें झाँकने लगे। तभी जामवंत ने हनुमान को उनकी शक्ति का स्मरण कराया, जिसे वे ऋषियों के शाप के कारण भूल चुके थे। हनुमान श्रीराम के कार्य में देर नहीं करना चाहते थे, इसलिए अपना आकार बड़ा करके आकाश में तीव्र गति से उड़ गए।

उनके रास्ते में अनेक विघ्न-बाधाएँ आईं, किंतु श्रीराम की कृपा से वे समुद्र पार करके लंका पहुँचे, जहाँ उन्हें विभीषण द्वारा पता चला कि रावण ने सीता को अशोक वाटिका में बंदी बनाकर रखा है। तब वे सीताजी से मिलने अशोक वाटिका पहुँच गए। सीता माता को अपना परिचय देकर हनुमान ने श्रीराम द्वारा दी हुई अँगूठी भेंट की और श्रीराम का संदेश देकर, सीता माता से आज्ञा लेकर जिस गति से वे लंका गए थे, उसी गति से वापस लौट आए।

हनुमान से सीताजी का समाचार पाकर पूरी वानर सेना बहुत खुश हुई और उछलती हुई श्रीराम के पास आ गई। हनुमान ने सीताजी द्वारा दी गई चूड़ामणि श्रीराम के चरणों में भेंट की तो राम की आँखों से खुशी के आँसू बहने लगे और उन्होंने हनुमान को गले से लगा लिया।

सीताजी की खोज करके लंका से आए हनुमान ने जब श्रीराम को बताया कि वे किस प्रकार अशोक वाटिका में दिन काट रही हैं तो श्रीराम की आँखों से आँसू बहने लगे और उन्होंने तुरंत सुग्रीव से लंका पर चढ़ाई करने को कहा। सुग्रीव की आज्ञा पाते ही पूरी वानर सेना तैयार होकर लंका की ओर कूच कर गई और कुछ ही दिनों में समुद्र के किनारे पहुँच गई।

एक ओर लंका नगरी और बीच में विशाल समुद्र को देखकर श्रीराम को निराशा होने लगी कि इस समुद्र को कैसे लाँघकर लंका में प्रवेश किया जाए? कोई और रास्ता न देखकर श्रीराम ने सोचा कि हम सगर के वंशज हैं, इसलिए सागर की पूजा-अर्चना करके रास्ता माँग लेना चाहिए। यही सोचकर प्रभु श्रीराम ने अपना आसन लगाया और समुद्र से रास्ता माँगने के लिए प्रार्थना करने लगे। तीन दिन भूखे-प्यासे रहकर श्रीराम ने समुद्र की पूजा की, किंतु कोई लाभ नहीं हुआ। तब क्रोधित होकर श्रीराम ने समुद्र को दंड देने के लिए अपना धनुष-बाण उठा लिया। तूणीर से बाण निकालकर उन्होंने जैसे ही धनुष पर चढ़ाया, तभी समुद्र 'त्राहि माम्, त्राहि माम्' कहकर प्रकट हो गया।

श्रीराम द्वारा रास्ता माँगने पर समुद्र ने कहा, 'श्रीराम, आप चिंता न करें। आपकी सेना में नल और नील नाम के दो वानर हैं। इनके द्वारा समुद्र में डाली हुई कोई भी वस्तु डूबेगी नहीं। इसलिए यदि नल और नील समुद्र में पत्थर फेंकेंगे तो एक पुल तैयार हो

जाएगा, तब आप वानर सेना सहित समुद्र पार कर लेंगे।'

इस प्रकार समुद्र श्रीराम को समुद्र पार करने का रास्ता बताकर अदृश्य हो गया। समुद्र के जाने के बाद सेतु-निर्माण का कार्य जोरों से शुरू कर दिया गया। वानर दौड़-दौड़कर बड़े-बड़े पत्थर लाते और नल-नील उन पर 'श्रीराम' लिखकर समुद्र में डाल देते। इस प्रकार पत्थर पानी में ऊपर ही तैरते रहते। कुछ ही दिनों में समुद्र पर सेतु-निर्माण का कार्य पूरा हो गया। चार सौ कोस चौड़े समुद्र पर पुल बनकर तैयार हो गया, जिसे देखकर पूरी वानर सेना खुशी से झूम उठी और शीघ्र ही 'जय श्रीराम' करते हुए समुद्र पार करके लंका पहुँच गई।

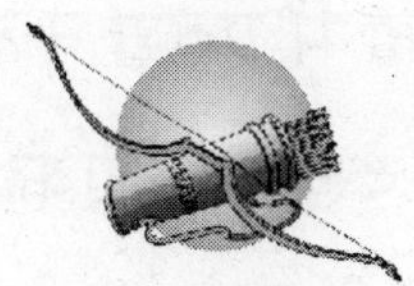

राम-रावण युद्ध

समुद्र पर सेतु बनाने के बाद श्रीराम ने अपनी पूरी वानर सेना के साथ समुद्र पार करके लंका की भूमि पर पड़ाव डाल दिया, ताकि अवसर पाकर रावण की लंका नगरी पर आक्रमण किया जा सके। पड़ाव के चारों ओर नल-नील, अंगद, जामवंत, हनुमान आदि बड़े-बड़े योद्धा पहरा देते थे, ताकि कोई भी मायावी राक्षस वेश बदलकर श्रीराम की सेना में प्रवेश न कर सके।

एक दिन सुग्रीव और अंगद ने देखा कि एक व्यक्ति आकाश मार्ग से उनके पड़ाव की ओर चला आ रहा है। सुग्रीव के पूछने पर उसने अपना नाम विभीषण बताया और कहा कि 'मैं प्रभु श्रीराम की शरण में आया हूँ और उनसे मिलने की आज्ञा चाहता हूँ।'

सुग्रीव और अंगद को उस पर संदेह हुआ और बोले, 'पहले तुम यहीं रुके रहो। हम जाकर प्रभु श्रीराम से आज्ञा लेकर आते हैं। यदि वे हमें आज्ञा देंगे तो तुम हमारे साथ चलकर उनसे मिल सकते हो।'

जब श्रीराम ने सुना कि विभीषण आए हैं तो उन्होंने तुरंत उनको अपने पास बुला लाने की आज्ञा दी। विभीषण के आने पर श्रीराम ने उन्हें अपने पास प्रेमपूर्वक बैठाया और कहा, 'विभीषण, अब तुम हमारी शरण में हो। रावण अब तुम्हारा कुछ नहीं बिगाड़ सकता। मैं तुम्हें वचन देता हूँ कि दुष्ट पापी रावण का वध करके मैं शीघ्र ही तुम्हें लंका का राजा बना दूँगा। मेरे मन में तुम्हारे प्रति

अगाध प्रेम है।'

श्रीराम की शरण पाकर विभीषण धन्य हो गए और बोले, 'प्रभु, आप शरणागत-वत्सल हैं। मुझ जैसे राक्षस जाति के छोटे व्यक्ति को अपनी शरण में लेकर आपने मेरा जीवन धन्य कर दिया।'

इसके बाद विभीषण ने श्रीराम को रावण की गतिविधियों के बारे में पूरी जानकारी दी। रावण-वध तक विभीषण ने हर समय प्रभु श्रीराम का साथ दिया और अंत में श्रीराम ने भी रावण का वध करके विभीषण को लंका का राजा बना दिया।

चूँकि अब युद्ध के सिवाय कोई चारा नहीं था। अब राम-रावण युद्ध छिड़ चुका था। रावण के अनेक महान् योद्धा मारे जा चुके थे। अंत में रावण ने अपने बेटे मेघनाद को युद्धभूमि में लड़ने के लिए भेजा। इधर राम की सेना से लक्ष्मण युद्धभूमि में पहुँचे। काफी समय तक घमासान युद्ध होने के पश्चात् मेघनाद के प्रहारों से लक्ष्मण मूर्च्छित हो गए।

लंका से सुषेण वैद्य को लाया गया तथा उनके सुझाव से हनुमान संजीवनी बूटी लेकर आए, तब कहीं लक्ष्मण की मूर्च्छा दूर हो सकी। लक्ष्मण ठीक होते ही पुनः युद्धभूमि में गए तथा मेघनाद का वध करके ही लौटे।

मेघनाद की मृत्यु का समाचार सुनकर रावण जैसे आगबबूला हो गया। उसने अपनी सारी सेना को एकत्रित किया और युद्ध के लिए तैयार हो गया। तभी रानी मंदोदरी ने रावण के पैर पकड़कर कहा, 'हे नाथ! अब लंका में शेष कुछ नहीं बचा। अब तक मैं अपने सभी पुत्रों को खो चुकी हूँ, अब अपने पति को नहीं खोना चाहती। कृपया मेरा आग्रह मानकर युद्ध-विराम कर दें और सीताजी को वापस श्रीराम के पास भेजकर क्षमा माँग लें।'

'तुम कायर हो, मंदोदरी! एक वीर को युद्ध में पीछे हटना शोभा नहीं देता। आज मैं इस युद्ध का अंत अवश्य ही करके लौटूँगा!' इतना कहकर रावण युद्धभूमि की ओर चल पड़ा।

कई दिनों तक राम और रावण की सेना में भयंकर युद्ध चलता रहा। अंत में विभीषण ने कहा, 'प्रभु, जब तक रावण की नाभि का अमृत नहीं सूखेगा, तब तक यह मृत्यु को प्राप्त नहीं होगा।'

विभीषण के शब्द सुनकर श्रीराम ने जैसे ही अपना बाण रावण की नाभि में मारा, वैसे ही रावण धराशायी होकर पृथ्वी पर गिर पड़ा। और इस प्रकार सत्य की असत्य पर विजय हुई। रावण की मृत्यु के पश्चात् विभीषण को लंका का राजा बनाया गया और श्रीराम सीता को लेकर अयोध्या वापस लौट आए।

श्रीराम के आने का समाचार सुनकर अयोध्या को दुलहन की तरह सजाया गया। चारों ओर खुशियाँ मनाई गईं।

अयोध्या की सारी प्रजा आज खुशी से झूम रही थी।

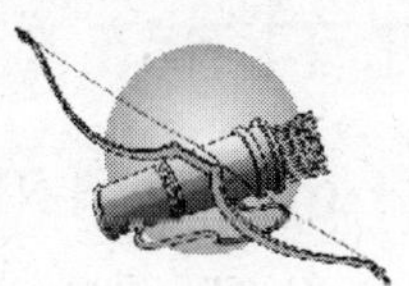

श्रीराम की अयोध्या वापसी

रावण का राज्योचित दाह-संस्कार करके श्रीराम ने शुभ मुहूर्त में विभीषण को लंका का राजा बनाकर अपने वचन का पालन किया। जैसे ही लक्ष्मण अशोक वाटिका से सीताजी को श्रीराम के सम्मुख लेकर आए तो मर्यादा पुरुषोत्तम श्रीराम ने कहा, 'लक्ष्मण, सीता बहुत समय तक रावण की लंका नगरी में रह चुकी हैं। इसलिए यह जरूरी है कि सीता की अग्नि-परीक्षा ली जाए। अग्नि-परीक्षा में खरा उतरने के बाद ही मैं इन्हें स्वीकार करूँगा।'

राम के वचन सुनकर लक्ष्मण को बहुत दु:ख हुआ। किंतु सीताजी अग्नि-परीक्षा के लिए तुरंत तैयार हो गईं। लक्ष्मण ने राम की आज्ञा से बहुत बड़ी चिता तैयार की। सीता के चिता पर बैठने के साथ ही चिता में अग्नि लगा दी गई। देखते-ही-देखते चिता की आग धू-धू करके जलने लगी। लेकिन अग्नि ने सीता का स्पर्श भी नहीं किया।

चिता की अग्नि शांत होने के बाद सीताजी उसमें से सही-सलामत बाहर निकलकर आ गईं। अग्नि सीताजी का बाल भी बाँका न कर सकी। तब श्रीराम ने सीता को स्वीकार कर लिया और बोले, 'सीते, मुझे क्षमा कर देना। लोक-मर्यादा के कारण मुझे यह कठोर निर्णय लेना पड़ा। अग्नि-परीक्षा में खरी उतरने के बाद तुम्हें स्वीकार करने में मुझे अत्यंत प्रसन्नता हो रही है।'

रावण-वध के बाद श्रीराम ने विभीषण को लंका का राजा बना दिया। राम

की सेना में जो वानर वीरगति को प्राप्त हुए, उन्हें श्रीराम ने गोलोकधाम पहुँचा दिया। वीरगति को प्राप्त हुए सभी वानरों का श्रीराम ने विधि-विधान सहित अंतिम संस्कार करके पिंड तर्पण किया।

धीरे-धीरे चौदह वर्ष के वनवास का समय भी पूरा होने को आ गया। श्रीराम

को सकुशल अयोध्या पहुँचाने के लिए विभीषण ने पुष्पक विमान प्रस्तुत कर दिया। नल, नील, अंगद, सुग्रीव, हनुमान, जामवंत, लक्ष्मण और सीता के साथ श्रीराम अयोध्या की ओर चल दिए।

नगर के बाहर आश्रम में भरत श्रीराम के आने की प्रतीक्षा कर रहे थे। भरत ने चौदह वर्ष पूरे होने से एक दिन पूर्व ही चिता तैयार कर ली थी कि यदि निश्चित समय पर श्रीराम, लक्ष्मण और सीता अयोध्या वापस नहीं आए तो वे चिता पर बैठकर प्राण दे देंगे।

हनुमान द्वारा श्रीराम ने अपने आने का संदेश पहले ही भिजवा दिया था, क्योंकि राम जानते थे कि भरत बहुत हठी हैं। यदि उन्हें अयोध्या पहुँचने में एक पल की भी देरी हुई तो भरत सचमुच ही अपने प्राण दे देगा। निश्चित समय पर श्रीराम, लक्ष्मण और सीता सहित कुछ वानर सेनापतियों ने अयोध्या में प्रवेश किया।

सबसे पहले विमान से श्रीराम उतरे तो अयोध्यावासियों ने श्रीराम की जय-जयकार के नारे लगाने शुरू कर दिए। राम को देखकर अयोध्यावासियों की आँखों में खुशी के आँसू थे। सबसे पहले भरत ने श्रीराम के चरण-स्पर्श किए। श्रीराम ने भरत को गले से लगा लिया। उसके बाद राम ने कौशल्या, सुमित्रा, कैकेयी तथा अन्य गुरुजनों के चरण-स्पर्श किए। सारी अयोध्या नगरी राम की अयोध्या वापसी पर अत्यंत प्रसन्न थी।

अच्छा सा मुहूर्त देखकर गुरुजनों ने श्रीराम को अयोध्या का सिंहासन सौंप दिया। राजा बनने के बाद श्रीराम ने बहुत समय तक राज्य किया और अपनी प्रजा-वत्सल छवि के कारण 'मर्यादा पुरुषोत्तम' कहलाए।

श्रीराम का हरण

एक बार देवर्षि नारद लंका जाकर लंकाधिपति रावण को राम के जन्म की सूचना देते हुए बोले, 'लंकेश, तुम्हें चिंता करने की कोई आवश्यकता नहीं है। तुम्हारे काल ने अयोध्या के राजा दशरथ के पुत्र राम के रूप में जन्म ले लिया है।'

नारद के चले जाने के बाद रावण ने सोचा कि कभी भी शत्रु को निर्बल नहीं समझना चाहिए। बुद्धिमानी इसी में है कि शत्रु को जितनी जल्दी हो सके, समाप्त कर देना चाहिए। इसलिए रावण राम का हरण करने के लिए वेश बदलकर अयोध्या पहुँच गया।

इधर भगवान् शंकर ने मदारी का रूप बनाया और हनुमान को साधारण वानर के रूप में साथ लेकर अयोध्या पहुँच गए और डुगडुगी बजाकर वानर का खेल दिखाने लगे। धीरे-धीरे मदारी ने वानर का खेल राजमहल में भी जाकर दिखाया। फिर क्या था, बालक राम उस वानर को लेने की जिद करने लगे।

महाराज दशरथ ने राम को बहुत समझाया कि वे उन्हें दूसरा वानर लाकर देंगे, किंतु राम नहीं माने और अपनी जिद पर अड़े रहे। जब दशरथ ने मदारी से वानर को खरीदना चाहा तो मदारी बोला, 'महाराज, इस वानर से तो मेरी रोजी-रोटी चलती है। इसे मैं राम को कैसे दे दूँ? आप उनको दूसरा वानर दिलवा दीजिए।'

राम तो अपनी जिद पर अड़े रहे और बोले, 'मैं इसी वानर को लूँगा। इसके अलावा कोई वानर किसी भी शर्त पर नहीं ले सकता।'

अब मदारी को राम की जिद के सामने झुकना पड़ा और बोला, 'मैं अपना वानर यहाँ इस शर्त पर छोड़ सकता हूँ कि मैं यहाँ रोज इसे देखने आऊँगा।'

दशरथ ने मदारी की शर्त मान ली। तब कहीं जाकर मदारी ने अपने वानर को छोड़ा।

वहाँ जाकर रावण ने देखा कि कभी राम वानर की नकल करके नाच रहे हैं तो कभी वानर राम की नकल करके नाच रहा है। राम की इस छवि को देखकर रावण अपना इरादा भूल गया और राम पर मोहित हो गया।

कुछ देर बाद रावण को याद आया कि वह तो अयोध्या में राम का हरण करने आया था। लेकिन उसे बालक राम के अंदर अपने पुत्र मेघनाद की छवि दिखाई देने लगी और वह सोचने लगा कि यदि राम का मैंने इस समय हरण कर लिया तो राजमहल में जो प्रसन्नता का वातावरण है, वह भीषण हाहाकार में बदल जाएगा। एक ओर दशरथजी विलाप करेंगे तो दूसरी ओर राम अपने माता-पिता से बिछुड़कर रोएँगे। मैं इतने सुंदर बालक को माता-पिता से बिछुड़ाकर रोते हुए नहीं देख सकता।

इस प्रकार रावण बालक राम की छवि को निहारता हुआ लंका वापस लौट गया और उसने बालक राम के हरण करने का इरादा छोड़ दिया।

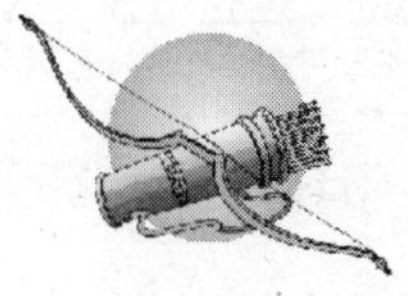

श्रीराम की कीर्ति

समुद्र पर सेतु बनाने का कार्य प्रारंभ हो चुका था। राम की वानर सेना में नल और नील नाम के दो वानर ऐसे थे जिन्हें वरदान प्राप्त था कि उनके द्वारा छोड़े गए पत्थर पानी पर तैरेंगे, वे डूबेंगे नहीं। इसलिए रीछ, भालू, वानर बड़े-बड़े पत्थर लाकर नल-नील को देते और वे उन्हें समुद्र में डाल देते। श्रीराम की सेना बड़ी तेजी से समुद्र पर पुल बनाने के काम में लगी हुई थी।

राम ने अपने मन में सोचा कि यह उचित नहीं है कि सब मेरे लिए काम आराम से कर रहे हैं और मैं खड़ा हूँ। इसलिए उन्होंने सोचा कि एकांत में जाकर मैं भी समुद्र में पत्थर डालकर देखूँ कि वे पानी में डूबेंगे या नहीं! यदि मेरे डाले हुए पत्थर पानी में डूब गए और सबने देख लिया तो मुझे अपयश ही मिलेगा।

वह धीरे-धीरे समुद्र के सुनसान तट की तरफ गए और चारों ओर दृष्टि घुमाकर देखा कि कहीं उन्हें कोई देख तो नहीं रहा। फिर उन्होंने एक पत्थर उठाया और समुद्र में डाल दिया। किंतु यह क्या? पत्थर देखते-ही-देखते समुद्र में डूब गया। राम को यह देखकर बहुत क्रोध आया और वे सोचने लगे कि लोग कहते हैं कि मेरी कृपा से ही समुद्र पर पत्थर तैर रहे हैं। फिर मेरे द्वारा डाले गए पत्थर तो समुद्र में डूब जाते हैं! अपनी शंका के समाधान के लिए उन्होंने दूसरा पत्थर समुद्र में डाला, किंतु वह भी डूब गया।

श्रीराम ने गरदन घुमाकर इधर-उधर देखा कि समुद्र में पत्थर डालते हुए

उन्हें किसी ने देखा तो नहीं। पर यह क्या? हनुमानजी राम के पीछे खड़े सब कुछ देख रहे थे। हनुमान से राम ने पूछा, 'हनुमान, तुम यहाँ कब आए और तुमने यहाँ क्या देखा?'

हनुमान ने हाथ जोड़कर कहा, 'प्रभु, जब से आप यहाँ आए हैं, तभी से मैं

भी यहीं पर हूँ। मैंने देखा कि आपने दो बार पत्थर समुद्र में डाला और दोनों ही बार डूब गया।'

हनुमान के मुख से यह सब बातें सुनकर श्रीराम को बहुत आश्चर्य हुआ और वे बोले, 'देखो हनुमान, तुमने यहाँ जो कुछ भी देखा, उसके विषय में किसी को बताना मत; क्योंकि जब लोगों को पता चलेगा तो मेरा बहुत अपयश होगा।'

हनुमान ने कहा, 'प्रभु, मैं तो इस बात को सब जगह कीर्तन करके बताऊँगा, क्योंकि इससे तो आपकी बहुत कीर्ति बढ़ेगी। जिसे श्रीराम ने छोड़ दिया, वह तो डूबेगा ही, वह कभी नहीं तैर सकता।' हनुमान के इस उत्तर को सुनकर प्रभु राम निरुत्तर हो गए।

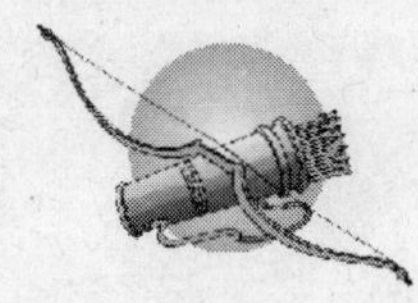

पुत्र जयंत को जीवनदान

जिस समय राम, लक्ष्मण और सीता चित्रकूट में रह रहे थे, तभी अचानक सीताजी के पैर से रक्त बहने लगा और वे दर्द से छटपटाने लगीं, क्योंकि उनके पैर में एक कौए ने काट लिया था। राम को यह देखकर बहुत क्रोध आया कि उनके होते हुए कौए का इतना साहस कि वह सीताजी के पैर में काट सके! राम ने उस कौए को ध्यान से देखा तो उन्हें ज्ञात हुआ कि यह अपराध करनेवाला कोई साधारण कौआ नहीं बल्कि इंद्र का पुत्र जयंत था, जो राम की शक्ति का पता लगाने के लिए कौए के रूप में आया था।

जयंत की मूर्खता पर श्रीराम को हँसी आ रही थी। लेकिन उसकी धृष्टता को देखकर राम ने एक सींक को धनुष पर चढ़ाकर छोड़ दिया। अब वह सींक मामूली नहीं रही और यमराज की तरह जयंत के पीछे लग गई। जयंत भागकर अपने पिता इंद्र से शरण माँगने गया तो इंद्र ने साफ मना कर दिया कि राम के अपराधी को मैं कभी भी शरण नहीं दे सकता।

पिता के मना करने पर जयंत अपनी माता शची के पास गया और शरण माँगने लगा। जयंत की माँ ने भी कह दिया कि सीता माता के अपराधी को मैं अपनी शरण में नहीं ले सकती।

अब भागकर जयंत ब्रह्मा और शिव की शरण में गया। पर दोनों ने कह दिया कि तुम सीता माता और प्रभु राम की शरण में जाओ, वही तुम्हारी रक्षा कर

सकते हैं। जयंत घबराकर देवी, देवता, यक्ष, गंधर्व सबकी शरण में गया; किंतु उसे कहीं भी शरण नहीं मिली।

अंत में निराश होकर जयंत प्रभु राम एवं सीता माता की शरण में आया और उनके चरण छूकर क्षमा-याचना की और भविष्य में कभी भी ऐसा अपराध न करने का वचन दिया।

भगवान् राम तो स्वभाव से ही दयालु हैं। उन्होंने कहा, 'तुम्हारे इस अपराध के लिए तो प्राणदंड दिया जाना तय था। किंतु तुम हमारी शरण में आए हो, इसलिए हम तुम्हें जीवनदान देते हैं। तुम्हारे प्राण तो बच जाएँगे, पर तुम्हें अपनी एक आँख से हाथ धोना पड़ेगा।'

राम द्वारा छोड़ी गई सींक जयंत की आँख फोड़कर आकाश में विलीन हो गई। कहते हैं, उसी दिन से कौआ आज तक काना है। वह एक समय में एक ही आँख से देख सकता है। इस प्रकार श्रीराम ने कौए के वेश में जयंत को जीवनदान दिया।

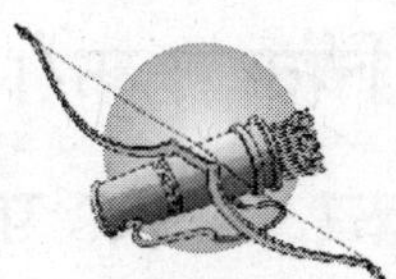

भक्त का अभिमान-भंग

राम भगवान् शिव के बहुत बड़े भक्त थे। समुद्र पर पुल बनाने के बाद राम की इच्छा हुई कि वे उस स्थान पर शिवलिंग की स्थापना करें। भगवान् राम ने हनुमान से कहा, 'तुम नर्मदा जाकर शिवलिंग ले आओ, ताकि शुभ मुहूर्त में शिवलिंग की स्थापना की जा सके।'

हनुमान ने कहा, 'प्रभु, आप चिंता न करें। मैं यह गया और वह आया। मैं पलक झपकते ही शिवलिंग लेकर आपके पास उपस्थित हो जाऊँगा।' इस प्रकार हनुमान श्रीराम का जयघोष करके आकाश मार्ग से शिवलिंग लेने चले गए।

शुभ मुहूर्त बीता जा रहा था और हनुमान वापस नहीं लौटे थे। हर कोई हनुमान के लौटने की प्रतीक्षा कर रहा था। जब हनुमान के लौटने की आशा न रही तो राम ने शुभ मुहूर्त में ही शिवलिंग की स्थापना करने का निश्चय कर लिया। राम ने बालू का शिवलिंग बनाया और उसकी स्थापना करके शिव-पूजन कर लिया।

राम के शिव-पूजन कर लेने के बाद हनुमानजी नर्मदा से शिवलिंग लेकर आए। हनुमान को यह देखकर बहुत क्रोध आया कि श्रीराम ने उनकी प्रतीक्षा नहीं की और उनके बिना ही पूजा कर ली। हनुमान ने कहा, 'प्रभु, आपने यह ठीक नहीं किया। यदि आपको यही करना था तो मुझे भेजा ही क्यों था?'

राम ने हनुमान को बहुत समझाने की कोशिश की, किंतु हनुमान की नाराजगी बढ़ती ही जा रही थी और उनका क्रोध शांत होने का नाम ही नहीं ले रहा था। भक्त के अभिमान को भंग करना श्रीराम अच्छी तरह जानते हैं।

हनुमान की नाराजगी को दूर करने के लिए राम ने कहा, 'हनुमान, यदि तुम इतने कुपित हो तो इस बालू के शिवलिंग को उखाड़कर फेंक दो और अपना शिवलिंग स्थापित कर दो।'

श्रीराम की बात सुनकर हनुमानजी बहुत प्रसन्न हुए और बालू के शिवलिंग को उखाड़ने के लिए पूरी कोशिश करने लगे। पूरी शक्ति लगाने के बाद भी शिवलिंग टस से मस नहीं हुआ। हनुमान ने क्रोधित होकर उस शिवलिंग को अपनी पूँछ में लपेटकर पूरा जोर लगाया, लेकिन वह अपनी जगह से जरा भी नहीं हिला। हनुमानजी की पूँछ टूट गई और वे रक्त की उलटी करने लगे तथा मूर्च्छित होकर भूमि पर गिर पड़े।

हनुमान की यह दुर्दशा देखकर सभी वानर हँसने लगे। कुछ देर बाद जैसे ही हनुमान को चेतना आई तो उन्हें अपनी गलती का अहसास हुआ। वे भगवान् श्रीराम के चरणों में गिरकर क्षमा-याचना करने लगे। श्रीराम तो भक्त-वत्सल हैं। उनकी कृपा से हनुमान की पूँछ फिर से बिलकुल ठीक हो गई।

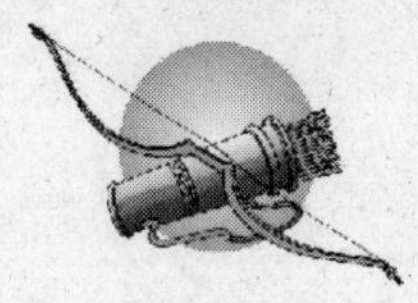

राम-राज्य का शुभारंभ

चौदह वर्षों के वनवास के उपरांत जब श्रीराम रावण का वध करके अपने भाई लक्ष्मण और पत्नी सीता के साथ अयोध्या लौटे तो उनका भव्य स्वागत किया गया। गुरुजनों और तीनों माताओं की उपस्थिति में श्रीराम का राज्याभिषेक कर दिया गया। श्रीराम के राजा बन जाने के उपरांत अयोध्यावासी बहुत खुश थे। राम के राज्य में सभी जीव-जंतु, प्राणी, मनुष्य सुखपूर्वक रहते थे। सभी अपने-अपने धर्म का पालन करते थे। सभी मनुष्य स्वस्थ और निरोगी थे। किसी भी मनुष्य को न तो कोई शारीरिक कष्ट था और न ही किसी की असमय मृत्यु होती थी। राम के राज्य में कोई भी मनुष्य गरीबी के कारण दुखी नहीं था। अपनी आवश्यकताओं को पूरी करने के लिए सभी के पास पर्याप्त धन था। सभी मनुष्य ज्ञानी और बुद्धिमान थे।

राम के राज्य में सभी मनुष्यों के हृदय में दया और करुणा की भावना थी। अपराध और हिंसा करना मनुष्यों का स्वभाव नहीं था। मनुष्यों के साथ-साथ जीव-जंतुओं ने भी अपनी हिंसक प्रवृत्ति छोड़ दी। शेर और बकरी भी राम के राज्य में एक ही घाट पर पानी पीते थे। किसी को भी किसी से कोई भय नहीं था।

राम-राज्य में पृथ्वी अन्न रूपी सोना उगलती थी तो नदियाँ अपने अमृत रूपी जल से पृथ्वी को और अधिक उपजाऊ बनाती थी। वृक्ष हमेशा फल और

फूलों से लदे रहते थे। पर्वत की चोटियाँ मणियों से चमकती रहती थी। राम के राज्य में प्रजा को चोरों और डाकुओं से कोई भय नहीं था। इसलिए उन्हें अपने घरों में ताले लगाने की आवश्यकता नहीं पड़ती थी।

प्रजा श्रीराम से इतना स्नेह करती थी कि हमेशा उनके दर्शनों के लिए उत्सुक रहती थी। प्रातःकाल जब श्रीराम सरयू में स्नान करने जाते तो लोग अपने घरों के दरवाजों पर खड़े होकर उनके दर्शनों की प्रतीक्षा करते थे। कुलगुरु वसिष्ठ द्वारा दिए गए नीति और धर्म का ज्ञान और आदर्श राजा के कर्तव्यों का श्रीराम पूरी तरह पालन करते थे, जिससे वे आदर्श राजा बन सके।

श्रीराम के हृदय में अपने भाइयों के प्रति अपार स्नेह था। श्रीराम राज्य के सभी कार्य अपने भाइयों के सहयोग से करते थे। प्रजा के दुख-दर्द जानने के लिए श्रीराम नगर में भ्रमण करते और यदि उन्हें कोई दुखी दिखाई देता तो तुरंत उसकी सहायता करते। प्रजा के सुखों का श्रीराम पूरा ध्यान रखते थे। श्रीराम के इस स्नेह को देखकर प्रजा उनके गुणों की हमेशा प्रशंसा करती थी।

श्रीराम के दूत प्रजा में छिपकर रहते थे और प्रजा के दुख-दर्द एवं विचारों से श्रीराम को अवगत कराते थे। एक दिन एक दूत राज्य सभा में आया और श्रीराम को अभिवादन करके चुपचाप खड़ा हो गया। श्रीराम दूत के मन की शंका समझ गए और बोले, 'वत्स, निश्चय ही तुम ऐसा समाचार लेकर आए हो, जिसे कहने में तुम संकोच का अनुभव कर रहे हो। मेरी आज्ञा है कि जो भी समाचार लाए हो, उसे निसंकोच कहो।'

दूत ने कहा, 'प्रभु, क्षमा कर दीजिए। मैं आज जो कुछ भी कहना चाहता हूँ, उसे कहने में वाणी मेरा साथ नहीं दे रही है।' इतना कहकर दूत का हृदय भर आया और वह रोने लगा।

दूत की ऐसी स्थिति देखकर श्रीराम ने कहा, 'तुम मेरी आज्ञा का उल्लंघन कर रहे हो। यदि तुमने शीघ्र हमारी आज्ञा का पालन नहीं किया तो इसका

परिणाम भयंकर हो सकता है। संकोच को छोड़कर जो भी कहना चाहते हो, साफ-साफ कहो।'

श्रीराम के कठोर शब्दों को सुनकर दूत डर गया और काँपते स्वर में बोला, 'महाराज, नगर में भ्रमण करते समय एक धोबी द्वारा कहे गए शब्दों को सुनकर मुझे बहुत दुःख हुआ है। धोबी ने जन समुदाय के सामने ही अपनी पत्नि का त्याग कर दिया और कहने लगा कि मैं श्रीराम के समान महान् नहीं हूँ जो रावण के पास रहनेवाली सीता को एक ही पल में स्वीकार कर लिया और उसकी पवित्रता पर तनिक भी संदेह नहीं किया!' महाराज, वह धोबी यह भी कह रहा था, 'मैं तो एक साधारण मनुष्य हूँ। मुझे इसी समाज में रहना है। समाज के नियमों को बनाए रखने के लिए मुझे तुम्हारा परित्याग करना ही होगा।' इतना कहकर दूत शांत हो गया।

दूत के वचनों को सुनकर श्रीराम को बहुत दुःख हुआ और वे सोचने लगे कि सीता को स्वीकार करके उन्होंने कोई गलती तो नहीं की! राम एक आदर्श राजा बनना चाहते थे।

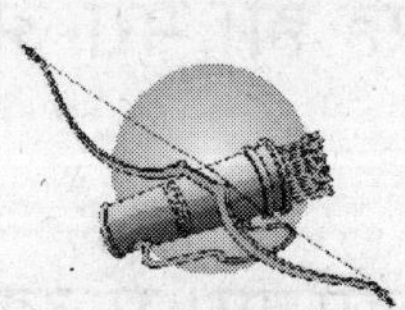

सीता का परित्याग

दूत ने जब धोबी वाली घटना श्रीराम को बताई तो उनका व्याकुल होना स्वाभाविक ही था। राम को व्याकुल और चिंतित देखकर राज्यसभा में सन्नाटा छा गया और सभी सभासद और प्रजाजन श्रीराम की गंभीर मुख-मुद्रा को देखने लगे। दूत के समाचार से राम के हृदय को बहुत बड़ा आघात लगा और वे कुछ सोचने की स्थिति में नहीं रहे। इसलिए श्रीराम ने दूत को जाने की आज्ञा दे दी और सभा समाप्त कर दी। इसके बाद श्रीराम सीधे राजमहल चले गए।

महल जाने के बाद श्रीराम अपने कक्ष में गए और एकांत में बैठकर गंभीरता से सोचने लगे कि समाज और धर्म की मर्यादा को बनाए रखने के लिए सीता को त्यागना आवश्यक है। यदि राजा ही धर्म और समाज की मर्यादा का उल्लंघन करेगा तो प्रजा कभी भी धर्म और समाज की मर्यादा का पालन नहीं करेगी। इसलिए प्रजा के सामने आदर्श स्थापित करने के लिए सीता का मोह त्यागकर उसे त्यागना होगा। राजा का जीवन व्यक्तिगत सुखों के लिए नहीं बल्कि प्रजा के लिए होता है। इन्हीं विचारों में उलझे हुए श्रीराम ने इस घटना की पुष्टि करने के लिए अपने अन्य दूतों को नगर में भेजा तो सभी ने धोबी द्वारा कही गई बात को सत्य साबित कर दिया।

घटना की पुष्टि होने के बाद श्रीराम सारी रात यही सोचते रहे कि वे सीता का परित्याग कैसे कर पाएँगे? श्रीराम वास्तव में सीता से बहुत स्नेह करते थे।

श्रीराम ने तो लंका में सीता की अग्निपरीक्षा भी ली थी, लेकिन अयोध्यावासी इस बात से पूर्णतया अनजान थे। श्रीराम जानते थे कि सीता निर्दोष है, इसलिए उसका त्याग करने में उन्हें संकोच हो रहा था।

दूसरे दिन जब लक्ष्मण, भरत, शत्रुघ्न श्रीराम को प्रणाम करने के लिए उनके पास गए तो उन्होंने अपने छोटे भाइयों को केवल हाथ उठाकर आशीर्वाद दिया, किंतु श्रीराम मुख से कुछ नहीं बोले। श्रीराम को दुखी और गंभीर मुद्रा में देखकर तीनों भाइयों को बहुत आश्चर्य हुआ और प्रश्नसूचक दृष्टि से एक-दूसरे की तरफ देखने लगे, ताकि श्रीराम की उदासी का कारण जान सकें। तीनों भाई यह जानना चाहते थे कि श्रीराम के होठों पर रहनेवाली मुस्कान कहाँ गायब हो गई है!

लक्ष्मण श्रीराम को उदास नहीं देख सके और हिम्मत करके बोले, 'भइया, आज आप बहुत दुखी दिखाई दे रहे हैं। क्या हमसे कोई गलती हो गई है? यदि हमसे कोई भूल हो गई हो तो कृपया हमें क्षमा कर दीजिए।'

श्रीराम ने दुखी होकर कहा, 'लक्ष्मण, तुमसे कोई भूल नहीं हुई है। धर्म और समाज की मर्यादा को बनाए रखने के लिए हमें एक परित्याग करना होगा।' श्रीराम के मुख से परित्याग की बात सुनकर लक्ष्मण का दिल जोर-जोर से धड़कने लगा। लक्ष्मण मन-ही-मन यह सोचकर भयभीत हो गए कि श्रीराम आखिर किसका परित्याग करना चाहते हैं?

श्रीराम ने लक्ष्मण को आज्ञा देते हुए कहा, 'लक्ष्मण जाओ, हमारी आज्ञा है कि तुम सीता को इसी समय वन में छोड़ आओ। हम अभी इसी समय सीता का परित्याग करते हैं।'

सीता के परित्याग की बात सुनकर लक्ष्मण के मुख से चीख निकल पड़ी और बोले, 'भइया, आप यह क्या कह रहे हैं? जिन सीता भाभी के लिए आपने रावण से युद्ध किया और रावण को मारकर उन्हें रावण की कैद से मुक्ति दिलाई। उनका परित्याग आप कैसे कर सकते हैं? आखिर सीता भाभी का क्या दोष है?'

राम और लक्ष्मण को दुखी देखकर भरत और शत्रुघ्न भी दुखी हो गए। श्रीराम ने लक्ष्मण को समझाया, 'ईश्वर की यही इच्छा है। जाओ, हमारी आज्ञा का पालने करो और सीता को वन में छोड़ आओ। हम इस समय तुम्हारे किसी प्रश्न का उत्तर नहीं देना चाहते।'

जब लक्ष्मण ने श्रीराम से सीता का अपराध पूछना चाहा तो उन्होंने स्पष्ट रूप से कह दिया, 'लक्ष्मण, यदि तुमने हमारी आज्ञा का पालन नहीं किया तो मैं अभी प्राण त्याग दूँगा। इसलिए जैसा मैंने कहा है, वैसा ही करो। जाओ, और राजा की आज्ञा का तुरंत पालन करो।'

श्रीराम के कठोर वचनों को सुनकर भरत एवं लक्ष्मण आश्चर्यचकित नेत्रों से उनकी तरफ देखने लगे और अनेक प्रकार के प्रश्न पूछने लगे। तब विवश होकर श्रीराम को धोबी वाली घटना बतानी पड़ी। दुखी होकर उन्होंने भरत और लक्ष्मण को समझाते हुए कहा, 'हमारे कुल पर लगे इस कलंक को धोना हमारा कर्तव्य है। यदि हमने ऐसा नहीं किया तो हमारे पूर्वजों ने जो यश और कीर्ति अर्जित की है, वह सब मिट्टी में मिल जाएगी और मैं इस कलंक के साथ जीवित नहीं रह पाऊँगा। इस कलंक को केवल सीता के परित्याग द्वारा ही मिटाया जा सकता है।'

श्रीराम का दुःख देखकर लक्ष्मण का हृदय करुणा से भर गया और वे क्रोधित होकर बोले, 'भइया, जिसने मेरी पवित्र सीता भाभी पर यह कलंक लगाया है, मैं उस नीच व्यक्ति की जीभ काट लूँगा।'

श्रीराम ने लक्ष्मण को समझाते हुए कहा, 'लक्ष्मण, तुम किस-किस को रोकोगे। आज यह बात एक व्यक्ति ने कही है, कल दस व्यक्ति कहेंगे और फिर पूरा समाज कहेगा। इसलिए लक्ष्मण मैं कुछ सुनना नहीं चाहता। जाओ, इस

राजाज्ञा का तुरंत पालन करो।'

राजाज्ञा सुनकर लक्ष्मण विवश हो गए, क्योंकि भाई से तो प्रार्थना भी कर सकते थे, लेकिन राजा की आज्ञा के सामने वे विवश हो गए और सीता को रथ पर बैठाकर वन की तरफ चले गए और सघन वन में सीता को अकेला छोड़कर अयोध्या वापस लौट आए।

राम और लव-कुश युद्ध

श्रीराम द्वारा किए गए अश्वमेघ यज्ञ का अश्व अनेक नगरों और पर्वत कंदराओं को पार करता हुआ सघन वन में प्रवेश कर गया। उसी वन में महर्षि वाल्मीकि का आश्रम था। वहाँ पर लव-कुश धनुष-विद्या का अभ्यास कर रहे थे। लव-कुश सफेद अश्व को देखकर उस पर मोहित हो गए और बंदी बनाकर उसे एक पेड़ से बाँध दिया। तभी वहाँ पर श्रीराम के सैनिक उस अश्व को छुड़ाने के लिए आ गए। लव-कुश ने श्रीराम के सैनिकों को युद्ध करके परास्त कर दिया। इसके बाद भरत, शत्रुघ्न, लक्ष्मण और हनुमान ने भी लव-कुश से वीरतापूर्वक युद्ध किया, लेकिन उन्हें भी पराजय का मुँह देखना पड़ा।

जब श्रीराम को भरत के मूर्च्छित होने और अपनी सेना के परास्त होने का समाचार मिला तो वे बहुत दुखी हुए और उन्होंने सेनापति को बुलाकर सेना तैयार करने का आदेश दिया ताकि वे स्वयं युद्धभूमि में जा सकें।

श्रीराम यज्ञस्थल को कुलगुरु वशिष्ठ की देखरेख में छोड़कर स्वयं युद्धभूमि की तरफ चल दिए। लंकाधिपति विभीषण, वानरराज सुग्रीव और अन्य मित्र राजाओं की सेनाएँ भी श्रीराम के साथ युद्धभूमि की तरफ चलने लगीं। कुछ ही क्षण में श्रीराम सेना सहित युद्धभूमि में पहुँच गए।

युद्धभूमि में जाकर श्रीराम ने देखा कि वहाँ उनके तीनों भाई और अनेक सैनिक घायल और मूर्च्छित पड़े हुए थे। पास में ही एक पेड़ के पास दो सुंदर

सुकुमार बालक खड़े हुए थे। उन बालकों के रूप-सौंदर्य को देखकर श्रीराम का मन मोहित हो गया और वे उन्हें अपलक देखते रहे। हनुमान ने जब श्रीराम को देखा तो वे भी उनके पास आ गए।

श्रीराम ने उन बालकों को अपने पास बुलाकर कहा, 'हे मुनिकुमारों, तुम कौन हो, तुम्हारे माता-पिता कौन हैं? मैं जानना चाहता हूँ, क्योंकि तुम बहुत

शक्तिशाली हो, जो इतने बड़े-बड़े योद्धाओं को परास्त कर दिया।'

कुश ने भी श्रीराम से कहा, 'महाराज, यह मेरा छोटा भाई लव है और मेरा नाम कुश है। हमारी माता वनदेवी मिथिला नरेश जनक की पुत्री है। हमारा पालन-पोषण महर्षि वाल्मीकि ने किया है। किंतु अपने पिता का नाम, वंश या गौत्र के विषय में हमें कुछ भी जानकारी नहीं है।'

लव-कुश का परिचय जानने के बाद श्रीराम को बहुत आश्चर्य हुआ कि वे दोनों कोई साधारण बालक नहीं बल्कि उनके पुत्र हैं। श्रीराम उन बालकों को आश्चर्य से देख ही रहे थे कि कुश ने कहा, 'महाराज, यदि आप युद्ध करना चाहते हो, तो शस्त्र उठाओ और हमसे युद्ध करो, वरना सेना के साथ आयोध्या लौट जाओ। हम कभी भी आपके ऊपर पीछे से वार नहीं करेंगे।'

बालकों को युद्ध के लिए तत्पर देखकर श्रीराम ने मन में सोचा कि भगवान् ने इस युद्ध की रचना किसी विशेष प्रयोजन से ही की है। श्रीराम ने अपना धनुष-बाण उठाया और लव-कुश से युद्ध करने के लिए तैयार हो गए। लव-कुश ने भी अपने-अपने धनुष-बाण उठाए और श्रीराम पर प्रहार करने लगे। श्रीराम ने लव-कुश पर स्वयं कोई प्रहार नहीं किया बल्कि उनके द्वारा छोड़े गए बाणों को काटने लगे। यह देखकर लव-कुश को बहुत आश्चर्य हुआ।

लव-कुश ने युद्ध बंद नहीं किया। वे शाम तक श्रीराम से युद्ध करते रहे। संध्या के समय युद्ध स्वयं ही बंद हो गया। युद्धभूमि में उपस्थित महाराज विभीषण, सुग्रीव, हनुमान श्रीराम के साथ लव-कुश के युद्ध को देखकर हैरान हो रहे थे। जब उन्हें यह पता चला कि लव-कुश श्रीराम के पुत्र हैं तो वे खुशी से झूम उठे।

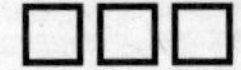